W0252806

Liebe Leserinnen, liebe Leser!

»Life is a beach, sagen die Sydneysider lässig und surfen easy durchs Leben.«

Die erste Australienreise führt die meisten Gäste in den Osten des Kontinents, und häufig startet man die Reise durchs Land in Sydney. Dort kann man gleich eintauchen in das australische Lebensgefühl. »Life is a beach«, sagen die Sydneysider lässig und surfen easy durchs Leben, wie unsere Autorin Hilke Maunder feststellt. Surfen Sie mit, genießen Sie den roten Kontinent mit allen Sinnen, dieser DuMont Bildatlas gibt dafür erste gute Anhaltspunkte.

Kuscheln mit Koalas

Ganz so »easy« ist das Leben jedoch auch in Australien nicht überall. Das Land hat mit erheblichen Problemen zu kämpfen, extreme Wetterlagen, ein Mangel an Wasser und die Bedrohung des Great Barrier Reef sind nur einige der dringendsten Umweltfragen. Mehr über verheerende Eingriffe in die Landschaft oder das Dauerthema Dürre erfahren Sie in unseren DuMont Themen auf S. 38, 54 und 74. Auch Australiens Knuddelbären, die Koalas, sind extrem bedroht. In freier Natur sieht man sie nur noch selten. Aber in verschiedenen »Koala-Krankenstationen« kommt man den wuscheligen Baumbewohnern ganz nah (S. 33). Für mich war es ein besonderes Gefühl einen Koala auf dem Arm zu halten. Mit einer Spende in den Koala Hospitals könnte man zu ihrem Überleben beitragen.

Endlose Weite oder tropischer Norden?

Und nach Sydney, wie geht die Australienreise weiter? Das hängt nicht zuletzt von der Jahreszeit ab, zwischen November und April, wenn in Sydney meist schönstes Sommerwetter herrscht, muss man im tropischen Norden mit extremen Niederschlägen rechnen. Viele Pisten sind dann unpassierbar. Aber es gibt Alternativen. Das Red Centre mit dem heiligen Berg der Aborigines, dem Uluru, Brisbane mit sensationellen Stränden in der Umgebung oder auch die Hauptstadt Canberra. Wenn es noch weiter in den Süden oder Westen des Landes gehen soll, dann empfehle ich Ihnen ergänzend zu diesem Titel den DuMont Bildatlas Australien Westen, der auch Tasmanien beinhaltet.

Herzlich

Ihre

Birgit Borowski

Birgit Borowski
Programmleiterin DuMont Bildatlas

*Immer wieder lockt der kleinste Kontinent – die Journalistin und Buchautorin **Hilke Maunder** besucht seit Jahren ganz regelmäßig Australien, manchmal mehrmals pro Jahr. Sie unterhält einen eigenen Australien-Blog.*

*Die Weite des Landes, das Leben an den Küsten mit ihren Stränden und das Licht der Bergwelt, die Vielfalt der Inselwelten und den Trubel am Great Barrier Reef: All dies hat der Fotograf **Toma Babovic** für diesen Band eingefangen.*

100 Am Uluru, einer heiligen Stätte, kreuzen sich Traumpfade.

46 Die National Gallery of Australia in Canberra zeigt eine umfassende Sammlung australischer Kunst.

24 Imposantes Wahrzeichen Sydneys: das Opera House

Impressionen

Sydney und nördliches NSW

Canberra und südliches NSW

Brisbane und Umgebung

UNSERE FAVORITEN

BEST OF ...

80 Weißer Sand trifft am Whitehaven Beach auf Whitsunday Island auf den türkisfarbenen Pazifik.

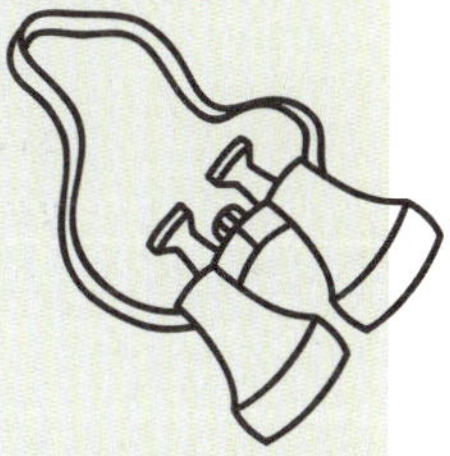

Cairns und nördliche Ostküste 80 – 99
Red Centre & Outback 100 – 113
Brisbane und Umgebung 60 – 79
Sydney und nördliches NSW 24 – 45
Canberra und südl. NSW 46 – 59
1
2
3
4
5
6
7
8
9
10
11
Arafura Sea
Gulf of Carpentaria
Coral Basin
Coral Sea Island Territory
Queensland Plateau
PAPUA NIUGINI
Port Moresby
Torres Strait
Great Barrier Reef
Cape York Pen.
Arnhem Land
Darwin
Katherine
Tanami Desert
Northern Territory
Barkly Tableland
Tennant Creek
Alice Springs
Macdonnell Ranges
Uluru Ayers Rock
Simpson Desert
Great Victoria Desert
South Australia
Queensland
Great Artesian Basin
Great Dividing Range
Mount Isa
Cairns
Cooktown
Townsville
Mackay
Rockhampton
Bundaberg
BRISBANE
GOLD COAST
New South Wales
SYDNEY
Wollongong
Canberra
A.C.T. = Australian Capital Territory
Jervis Bay Territory
Victoria
MELBOURNE
ADELAIDE
Murray River Basin
Flinders Ranges
Great Australian Bight
Nullarbor N.P.
Bass Strait
Tasmania
South Australia Basin
Maßstab 1:13.500.000
0
200 km

Topziele

Die bedeutendsten Sehenswürdigkeiten der Region aus den Bereichen Natur, Kultur und Erleben haben wir auf dieser Seite für Sie zusammengestellt. Auf den Infoseiten ist das jeweilige Highlight als **TOPZIEL** *gekennzeichnet.*

NATUR

KULTUR

ERLEBEN

Komposition aus Stahl, Beton und Glas

Vom Zentrum Sydneys aus geht es über die imposante Sydney Harbour Bridge in den Stadtteil Kirribilli, dort die Promenade entlang – und schon eröffnet sich der großartige Blick über Sydney Harbour hinweg auf das Sydney Opera House. An dem jetzt hochhausbestandenen Ufer vis-à-vis begann vor mehr als 200 Jahren die Besiedlung der heutigen Metropole.

Genuss mit Strandblick

Von Watsons Bay, einem nordöstlich gelegenen Vorort Sydneys, fällt der Blick nicht nur auf die idyllische Bucht mit all ihren Segelschiffen, Booten und dem Sandstrand – in der Ferne zeichnet sich auch die Silhouette der Metropole ab. Das Schönste aber – im Doyles, dem ältesten Seafood-Restaurant Australiens, verbindet sich dieser Ausblick gleich mit dem kulinarischen Genuss.

Sandstrand – kilometerweit

Ein sich über sage und schreibe 14 Kilometer hinziehender Strand, Palmen, die sich sacht im Wind wiegen, im Blickfeld die vorgelagerten Inseln, die sich aus dem blauen Wasser des Korallenmeers erheben – ein Tropentraum bei bei Mission Beach.

Inmitten des grünen Dickichts

Hoch im Nordosten führt der Marrdja Botanical Boardwalk in den Daintree National Park. Mag sich der Weg auch nur über einen Kilometer erstrecken, so vermittelt er doch einen guten Eindruck von der Vielfalt in Flora und Fauna, die den Nationalpark beherrscht. Sie ist hier so außerordentlich groß, dass der Park und das umgebende Gebiet der Wet Tropics of Queensland unter dem Schutz der UNESCO stehen.

Business im Zeichen der Nachhaltigkeit

In Brisbane wachsen die Bürotürme in den Himmel, die sonnenverwöhnte Hauptstadt von Queensland ist wichtiger Finanzplatz. Und dennoch steht das Thema Nachhaltigkeit in der Stadtplanung ganz oben, Ziel ist es, sich mehr und mehr als eine „smart city“ zu präsentieren. Vom Kangaroo Point lässt sich der Central Business District von Brisbane auch aus natürlichem Grün heraus betrachten.

#skyra

Den Blätterwald zu Füßen

Einst ein Hippiedorf, hat sich das nördlich von Cairns gelegene Kuranda zu einem wichtigen Ort für den Tourismus gemausert. Hier ist auch Startpunkt der Skyrail – spektakulär ist die Fahrt über mehrere Kilometer in der kleinen Gondel zum Smithfield Terminal hinüber, das Grün der Atherton Tablelands unmittelbar zu Füßen, die Geräuschkulisse des Urwalds immer im Ohr.

Rückzug an einem lebhaften Ort

Meditation – die buddhistische Nonne praktiziert ihre Übungen am langen Sandstrand von Surfers Paradise, läutet das Glöckchen in Richtung Meeresbrandung. Ein ruhiger Pol an einem Ort, der sich ansonsten nicht nur möwenbedingt durch einigen Trubel auszeichnet.

UNSERE FAVORITEN

Die schönsten Restaurants mit Fernblick

Schlemmen mit Aussicht

Toller Ausblick, schlechte Küche gilt nicht in Sydney. Hier ist es unter den Köchen geradezu Sport, immer neue Hotspots zu eröffnen, die exzellente kulinarische Erlebnisse mit traumhaften Blicken auf Sydney und die abwechslungsreiche Küste verbinden.

1 Altitude Restaurant

Der weiß eingedeckte Tisch steht direkt am bodentiefen Fenster. Von den geeisten, frischen Felsenaustern aus Sydney schweift der Blick über die illuminierte Harbour Bridge. Im Altitude, dem Gourmetrestaurant im 36. Stock des Shangri-La-Hotels, funkeln die Sterne auch am Küchenhimmel.

The Shangri-La Hotel, 176 Cumberland Street, The Rocks, Sydney, Tel. 02 92 50 61 23, www.shangri-la.com, 18.00–22.00 Uhr, So. geschl.

2 The Dining Room

Im teuersten Hotel der Stadt ist auch die Aussicht exquisit: Stylish kontrastiert das cremefarbene Interieur mit dem Blau der Hafenbucht. Sparfüchse genießen ab 6.30 Uhr zum opulenten Büffet die Paradeblicke auf den Hafen von Sydney. Abends serviert Küchenchef Frank Detrait frische französische Küche.

Park Hyatt Sydney, 7 Hickson Road, The Rocks, Sydney, Tel. 02 92 56 16 61, www.diningroom.com.au, tgl. 6.30 – 22.00 Uhr

3 The Quay

Gute Aussichten und beste Küche gehen auch bei Peter Gilmore einher. „Food inspired by nature" ist sein Credo, und seine moderne australische Küche begeistert bei jedem Besuch aufs Neue. Wie die Aussicht auf Opera und Circular Quay – wenn nicht gerade ein Kreuzfahrtschiff am Overseas Terminal vertäut ist.

Overseas Passenger Terminal, Obergeschoss, The Rocks, Sydney, Tel. 02 92 51 56 00, www.quay.com.au

4 Bondi Icebergs

Auch bei Bibbergraden springen die Mitglieder beherzt ins kalte Meerwasser des Rockpool – ein Spektakel, das sich bei bester Küche vom edlen Dining Room des Schwimmclubs aus betrachten lässt, wo Küchenchef Monty Koludrovic abends ein siebengängiges „Tasting Menu" mit typisch italienischer Speisefolge serviert ... ist doch der Inhaber des Icebergs, Maurize Terzini, einst aus Italien emigriert.

1 Notts Ave, Bondi Beach, Tel. 02 93 65 90 00, http://idrb.com

5 Doyles on the Beach

Australiens ältestes Seafood-Restaurant ist bis heute eines der beliebtesten Lokale von Sydney. Wo vor fünf Generationen ab 1885 ausschließlich Fish & Chips serviert wurden, lockt heute eine abwechslungsreiche Karte mit Meeresspezialitäten. Kosten Sie tasmanische Muscheln, frische Austern, marinierten Gelbschwanz-Tunfisch, Blue Swimmer Crab oder delikaten Barramundi!

11 Marine Parade, Watsons Bay, Tel. 02 93 37 20 07, www.doyles.com.au; Lunch Mo.–Fr. 12.00–15.00, Sa./So. 12.00–16.00, Dinner tgl. 17.30–20.30, Fr., Sa. bis 21.00 Uhr, 25.12. geschl.

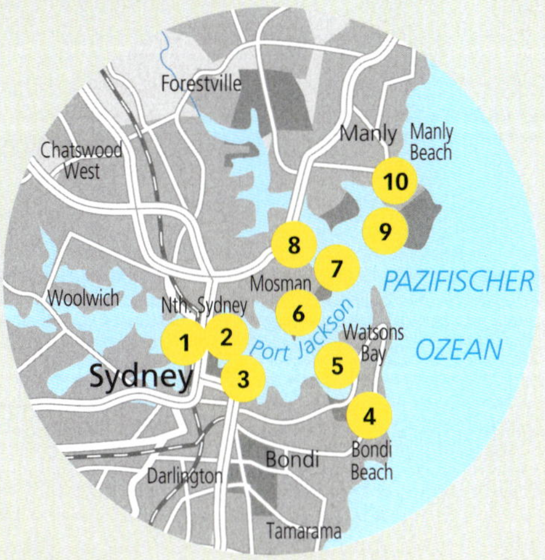

6 Ripples

Familienfeste, romantische Dinner, Firmenevents: Wenn es etwas zu feiern gibt, wird gerne das 1891 erbaute U-Boot-Depot der Marine in der Chowder Bay gewählt, das Sidney Koh in ein sympathisches Restaurant verwandelt hat und durch dessen Fenster man über den Hafen bis zur Watsons Bay blickt. Küchenchef Kristian Gamble serviert dort moderne australische Küche mit italienischem Touch und Gespür für Trends.

Building 7, Deck C, Chowder Bay Road, Mosman, Tel. 02 99 60 30 00, http://rippleschowderbay.com.au; Frühstück Sa. und So. 8.30 bis 10.00, Lunch tgl. 12.00 bis 15.00, Dinner tgl. 18.00 bis 22.00 Uhr

7 The Bathers' Pavilion

Wer nördlich der Harbour Bridge wohnt, besitzt ein gut gefülltes Portemonnaie – und trifft sich in Balmoral am Beach. Dort speist Sydneys Schickeria in einem Strandhaus mit weißen Wänden und dunklen Möbeln feinste Franzosenküche, die Serge Dansereau und Lawrence Pang modern und kreativ interpretieren. Der Blick schweift durch die geöffneten Fenster hin zu den funkelnden Lichtern der City.

Balmoral Beach, Sydney, Tel. 02 99 69 50 50, www.batherspavilion.com.au, tgl. 12.00–22.00 Uhr

8 Ormeggio

Von drei Seiten aus öffnet sich der Anleger – so der italienische Name des In-Lokals – dem Meer: besonders bei Sonnenuntergang ein Erlebnis! Am Herd steht Alessandro Pavoni, geboren in Brescia, ausgebildet in Michelin-Sternerestaurants in Frankreich und Italien. Mit dem stylishen Strandlokal erfüllte er sich seinen Lebenstraum – und macht Sydneys kritische Food-Gemeinde glücklich.

D'Albora Marinas The Spit, Mosman, Tel. 02 99 69 40 88, www.ormeggio.com.au, Mo. geschl., Lunch Mi.–Sa. 12.00–15.00, Dinner Di. bis Sa. 18.00–23.00, So. 18.00 bis 22.00 Uhr

9 Q Station (Manly)

An der Nordspitze von Manly wurden von 1832 bis 1984 kranke Einwanderer unter Beobachtung gestellt. Heute gehört die alte Quarantänestation zu den Top-Ausflugszielen von Sydney. Denn hier kann man nicht nur tief in die Stadtgeschichte eintauchen, sondern im Boilerhouse Restaurant & Bar andere Aussichten auf Sydney genießen – jeden Freitag-, Samstag- und Sonntagnachmittag auch beim High Tea auf der Terrasse.

1 North Head Scenic Drive, Manly, Tel. 02 94 66 15 00, www.qstation.com.au

10 Little Manly Beach Kiosk

Der kleine Strandimbiss gehört zu den Insider-Treffs von einheimischen Familien, die hier ganz entspannt einen Latte trinken, Fish & Chips futtern oder frisch zubereitete Wraps und Salate genießen. Im Sommer ist mittwochs bis sonnabends auch fürs Dinner geöffnet. Denn: Life is a beach! Und nirgendwo in der Stadt so *laid-back* und familienfreundlich wie an diesem Strandimbiss mit grandiosem Blick.

Stuart Steet, Manly, Tel. 02 99 77 71 04, www.facebook.com/littlemanlybeachkiosk

Grandioses Tor zu Australien

Vom verschlafenen Sträflingsnest zur strahlenden Millionen-Metropole: Sydney, die größte Stadt Australiens, begeistert Besucher und Bewohner stets aufs Neue. Sydneys berühmtester Strand Bondi Beach gilt als Verkörperung des australischen Lebensstils, den man auch in den Küstenorten nördlich der Metropole verfolgt. Wild und steil geht es im Weltnaturerbe Blue Mountains zu.

Was für ein Wahrzeichen: Weiß blähen sich die „Segel" des Sydney Opera House und behaupten sich mit Leichtigkeit gegen das tiefe Blau von Himmel und Wasser.

Oben: Auf der Promenade geht es nur um eines: den stimmungsvollen Blick über Sydney Opera und Circular Quay zu genießen.

Rechts: Der bronzene Cupido von Paul R. Montford in den Royal Botanic Gardens verkörpert das Motto „Love led them" – das mag sich auch in Liedern des Musikers spiegeln (ganz rechts), der am Circular Quay Schwung ins städtische Leben bringt.

In neogotischem Stil, aus Stein, Holz und Marmor, ist das Government House an den Royal Botanic Gardens errichtet.

Didgeridoo und Tanz am Circular Quay: indigene Straßenkunst

Circular Quay ist das Herz des CBD, des Central Business District, in Sydney und Tor zur Welt.

Laut tuckernd gleitet die grün-gelbe Hafenfähre unter der Harbour Bridge entlang. 134 Meter über dem Meereswasser sind kleine Gestalten zu erkennen. Männer und Frauen in blaugrauen Overalls, verbunden mit einem Sicherheitsseil. Wochen im Voraus haben sie Sydneys erfolgreichsten Adrenalinkick online gebucht: den BridgeClimb – keine Kletterei, sondern einen atemberaubenden Spaziergang über den 503 Meter langen Bogen der Hafenbrücke. „Coat hanger", Kleiderbügel, nennen die Einheimischen diesen Koloss aus 50 000 Tonnen Stahl und sechs Millionen Schrauben, der seit 1932 mit acht Fahrspuren die Wohnviertel des Nordens an die Stadt anschließt.

Minuten später legt die behäbige Sydney Ferry am Circular Quay an. Tausende Pendler strömen von den sechs Landungsbrücken herab, hasten hinaus, drängeln sich in Stadtbusse und Vorortzüge. Circular Quay ist das Herz des CBD, des Central Business District. Verkehrsknotenpunkt, Zugang zur City, Tor zur Welt. Containerriesen und Kreuzfahrtschiffe dümpeln am Kai und verleihen der City maritimes Flair.

Ikone der Skyline an der Waterfront ist das Sydney Opera House. Ihre geblähten „Segel" aus funkelnden Kacheln sind Sydneys bekanntestes Logo; die Panoramatreppe tagtäglich Forum für Jongleure, Straßenartisten, Musikanten. Professionellere Kunst wird im Innern des 100-Millionen-Dollar-Gebäudes geboten. 1973 eröffnet, ist der Prachtbau des Dänen Jørn Utzon Theater, Oper, Konzerthaus in einem, und manchmal werden hier auch Hip-Hop-Partys gefeiert.

Nur wenige Schritte entfernt präsentieren die Royal Botanic Gardens die faszinierende Andersartigkeit der australischen Flora: Baumfarne und Grasbäume, Flaschenputzer, Würgefeigen und Eukalypten – Garten-Exotik mit Blick auf die City. Oder lieber aufs Meer? Dann führt der Weg unweigerlich zum Mrs. Macquarie Point, einer Landspitze, die in den Naturhafen Port Jackson ragt. Der Blick schweift über 5500 Hektar Wasser, hinüber zum Kunstmuseum von New South Wales mit seiner Sammlung einzigartiger Aborigines-Kunst und zurück zur Harbour Bridge.

Boom-Metropole am Meer

Zu deren Füßen begann vor mehr als 200 Jahren die Besiedlung Australiens. Die historische Altstadt war bis in die 1990er-Jahre nur eins: berüchtigt, gefürchtet, heruntergekommen, voller Spelunken und schräger Gestalten. Schick, sauber und saniert, sind The Rocks heute hip, teure Trendboutiquen und an-

In Sydneys Stadtviertel The Rocks haben Restaurants und Läden in den teils backsteinernen Häusern der Altstadt ihren Platz gefunden und bestehen gegen die hohen Büroneubauten.

Relaxt in Darling Harbour: Genießer mit Blick auf den Hafen in der Roof Bar oder im Nick's beim Lunch, auch das Restaurantschiff South Steyne liegt schon bereit.

Gibt es einen schöneren Ort für romantische Versprechen? An diesem Abend jedenfalls scheint die Kulisse von Walsh Bay und Harbour Bridge unschlagbar.

gesagte Lokale säumen die Waterfront. In den Seitenstraßen bieten winzige Shops hinter Backsteinmauern Kitsch und Kunst made in Australia. Authentischer gibt sich die etablierte Avantgarde, die das Museum of Contemporary Art in seiner großen Sammlung zur australischen Gegenwartskunst zeigt.

Wenige Schritte entfernt lockt Shopping mit Stil. Nostalgisch in der Strand Arcade, noch schöner in den fast 200 Boutiquen des Queen Victoria Building. Der französische Designer Pierre Cardin nannte den opulenten Konsumtempel in Gold, Rot und Holz das „schönste Einkaufszentrum der Welt". Zurück zum Circular Quay, schnell einen Flat White, den typisch australischen Milchkaffee, gegriffen und fünf Minuten Erholung beim Sightseeing zur See. Das Ziel: Darling Harbour.

Im Jahr 1988, zum 200. Geburtstag, schenkte sich die Stadt dieses Vergnügungsviertel vom Reißbrett. Mittlerweile haben mehr als 200 Millionen Menschen Darling Harbour besucht, das sich als Zentrum für Spaß und Fun vermarktet. Sega World und IMAX-Kino sorgen für Unterhaltung, Einkaufszentren wie Harbourside und Cockle Bay Wharf für Shoppingspaß am Quai.

Stararchitekt Philip Cox entwarf weit gespannte Stahlkonstruktionen mit Masten und Seilen für das Sydney Exhibition Centre und das National Maritime Museum. Nicht einmal 30 Jahre später ist der Baulärm zurückgekehrt: Darling Harbour wird saniert und erhält 2017 mit dem 35 Stockwerke hohen Turm des Sofitel das erste neue Luxushotel seit den Olympischen Spielen. Sein Erbauer ist Australiens größter private Hotelinvestor, der Schönheitschirurg Dr. Jerry Schwartz. Die Architektur entwarf Richard Francis-Jones vom Büro FJMT. Und wer bislang von den Rocks an den Luxusresidenzen der Walsh Bay Richtung Darling Harbour an der Waterfront entlanglief, kam erst an Hafenbrachen, dann an Bauzäunen vorbei. Heute kann er dort Barangaroo entdecken,

Gepflegt busy bis in den Feierabend: in einem Pub an der King Street im Central Business District

Als smart city will Sydney seine Zukunft sichern, nachhaltig, digital und sozial.

Sydneys neuesten *waterfront precinct* mit den International Towers Sydney, dem Casino Crown Sydney, dem Barangaroo Centre mit Büros, Geschäften und Wohnungen und dem Headland Park im Norden. Immer dichter, enger, höher wird das Stadtzentrum bebaut ... und die Vision von Sydney 2030 umgesetzt: Als *smart city* will Sydney seine Zukunft sichern, nachhaltig, digital und sozial. Das CBD wird auf Jahre zur Baustelle.

Doch dahin geht man ohnehin nur zum Arbeiten. Gelebt wird an der Küste. „Life is a beach", sagen die Sydneysider lässig und surfen easy durchs Leben. In Sydney sind Boards die Bretter der Welt, und drei Dutzend Strände die Bühne fürs Leben.

Life is a beach
(Oder: Sonne, Strand & Spaß)

Beständige Brandung, goldgelber Sand, zerklüftete Klippen, sportgestählte Körper: Die Postkarten des Zeitungskiosks am Circular Quay sind eine einzige Hommage an Bondi Beach. Sydneys berühmtester Strand gilt als Verkörperung des australischen Lebensstils. Bereits 1890 entflohen die Sydneysider mit der Straßenbahn dem Staub und der Hitze der Stadt, bestaunten im Aquarium die Unterwasserwelt und stiegen am Abend in die Fluten: Noch vor 100 Jahren war das Baden erst nach Einbruch der Dunkelheit erlaubt. In den 1930er-Jahren war der Strand mit Liegestühlen übersät, die Besucher drängelten sich auf der Campbell Parade. Um 1960 begann der Abstieg von Bondi. Die alten Gebäude an der Uferpromenade verkamen, der Strand verwahrloste.

Seit zwei Dekaden jedoch erlebt „Bondai" eine Renaissance. Es ist wieder schick, hier zu wohnen: den Beach vor der Tür, das Büro im nahen Central Business District (CBD). Rund um die Campbell's Parade, die ihren verlotterten Charme bewahrt hat, sind heute trendige Cafés zu finden. Sean's Panorama serviert Pancakes, Porridge und Fruchtsäfte am Morgen zum Meerblick; das winzige Squeeze in einem Häuserspalt am Strand schnelle Power-Drinks für Surfer.

Und schon rollt auch die nächste Welle an, ein mächtiger Brecher für Wagemutige. Neulingen vermittelt Surflehrer Marty Williams das Rüstzeug für den Ritt auf der Welle. Das Fernglas um den Hals, die gelb-rote Mütze auf dem Kopf, beobachten kernige Life Saver das Treiben am Strand. Die Mitglieder des 1906 gegründeten Rettungsschwimmer-Clubs mit ihren bunten Booten sind das Wahrzeichen von Bondi. Ihre berühmten Badehosen mit dem Strand-Schriftzug gibt

Leben und leben lassen in Sydney. Ein Hauch von Nostalgie umweht Luna Park.

Oben: Drehrestaurant, Café und Aussichtskanzel birgt der Sydney Tower.

Rechts: Der Modedesigner Pierre Cardin geriet angesichts des Queen Victoria Building mit seinen Boutiquen, Cafés und Mosaikböden ins Schwärmen. Ursprünglich (1890) war es als Markthalle im byzantinischen Stil erbaut worden.

Immer mit wachsamem Blick: Die Live Saver in ihrem gelb-roten Dress halten das Strandgeschehen am Bondi Beach im Auge.

Zeit fürs Futter: Pelikane kommen an Australiens Ostküste zusammen.

Kurz mal auf eine Partie Beach Racket zum Strand? An Sydneys Stadtstrand Bondi Beach kein Problem.

Die Restaurantszene am beliebten Bondi Beach ist breit aufgestellt, Bondi Trattoria verlockt mit italienischen Gerichten.

Der Flusspostbote versorgt Anwohner am Hawkesbury River abseits der Straßen mit Post, Tratsch und allem Lebenswichtigen.

Koala Hospital

Hoher Knuddelfaktor

„Goodbye Bunyip Bluegum, goodbye Blinky Bill. And beautiful little Nutsie, I can't believe it. Our koalas are all dying, can it really be. A national disaster, a world catastrophe ..." Mit diesem Liedtext warnt der populäre australische Folksänger John Williamson vor der Ausrottung der Koalas.

Getextet wurde der Song zur Unterstützung der Koala Preservation Society in Port Macquarie, die mit Ehrenamtlichen das weltälteste Koala-Krankenhaus betreibt – mit OP-Raum, Intensivstationen und 24-Stunden-Notfall-Service. Täglich um 8.00 und 15.00 Uhr werden die Koalas gefüttert; wer zuschauen möchte, sollte sich mit einer Spende bedanken. Auch im Billabong Koala and Wildlife Park von Port Macquarie kann man den Beutelbären begegnen und im Lone Pine Koala Sanctuary in Brisbane. Seit dem 40. Geburtstag des Koala Hospital macht ein Kunstprojekt auf ihre Bedrohung aufmerksam: der Hello Koalas Sculpture Trail mit 50 Figuren aus Fiberglas. Denn mehr und mehr Tiere verenden – durch eine Chlamydien-Infektion oder den Verlust ihres Lebensraumes, da immer mehr küstennahe Eukalyptuswälder für Baugebiete gefällt werden. Selten lassen sich die aschgrauen Beutelbären in freier Wildbahn beobachten. In New South Wales gibt es nur noch vereinzelte Kolonien.

Bedrohter wuscheliger Baumbewohner

es beim North Bondi Life Saving Club auch für Nichtmitglieder. Fürs richtige weibliche Styling am Strand sorgt seit 1961 Bikini Island. Der Kult-Shop am Bondi Beach führt neben den angesagten australischen Labels eine eigene Kollektion von Häkelbikinis im Stil der Sixties.

Immer dabei: das Meer

Weiter gen Süden werden die Strände kleiner, verstecken sich zwischen kleinen Landzungen. Ein gesicherter Küstenpfad folgt den Sandsteinklippen zum ruhigen Tamarama Beach, weiter nach Bronte und zum Waverly Cemetery, für viele Sydneys schönster Friedhof. Blendend weiß thronen die Grabstätten auf dem schroffen Fels hoch über der Brandung. Unwirklich, der Welt entrückt. Noch weiter südlich folgen Lady Bay, der nahtlose Bräune gestattet, und Camp Cove, der nur topless zulässt.

Ist die Strömung zu stark, Sturm angesagt oder die Brandung zu heftig, baden die Sydneysider in Rockpools, in Meeresschwimmbecken, die in den Fels gehauen wurden. Ab und zu schiebt der Pazifik einen Brecher über den Beckenrand. Dann halten sich die Badenden am weißen Holzgeländer fest und lassen den Blick über eine Sinfonie in Blau gleiten: hellblau der Himmel, leuchtend türkis der Pool, tiefblau der Pazifik.

Anders als in Europa lebte der Leuchtturmwärter in Australien einst nicht im Turm, sondern in einem Häuschen nebenan, so auch im Cape Byron Lighthouse, dem Leuchtturm am östlichsten Punkt des Kontinents.

An der Landzunge bei Coogee entstand Wylie's Bath in einer Aushöhlung im Felsen. Auf Pfähle gestützt, kleben die Sonnendecks an den Klippen. 1911 fanden hier die ersten Schwimmmeisterschaften Australiens statt. Zugelassen waren auch Frauen, damals ein Novum. Nördlich von Manly setzen sich die schönen Sandstrände bis nach Queenscliff, Collaroy und Narrabeen fort.

Signale der Hoffnung

Australiens ältester Leuchtturm ist Macquarie Lighthouse auf dem South Head bei Sydney. Bereits 1791 wurden dort erste Leuchtfeuer aus Holz, später aus Kohle entzündet, um den Schiffern nachts den Eingang zu Sydneys Hafen zu weisen. 1816 bis 1818 wurde ein Leuchtturm nach Plänen von Francis Greenway und Kapitän John Gill aus Sandstein, der vor Ort gebrochen wurde, erbaut. Schon bald erodierten Regen und die stets salzig-feuchte Luft den weichen Stein. 60 Jahre nach Errichtung musste der Bau mit Eisenbändern zusammengehalten werden. Nur vier Meter vom ersten Bau errichtete James Barnet 1883 einen zweiten Leuchtturm, der sich heute als einziger Signalturm am South Head erhebt.

Erster Leuchtturmwärter von Macquarie Lighthouse wurde Robert Watson. Zu seinen Aufgaben gehörte die ständige Reinigung der Linse und das Ölen der Kabel und Gewichte, die dafür sorgten, dass sich das Licht drehte. Watson musste einen täglichen Seewetterbericht schreiben, den hellen Anstrich erneuern, den Rasen ringsum mähen, Feuerholz holen, Vorräte aufstocken – und mit der Einsamkeit an diesem damals sehr isolierten Punkt fertigwerden.

Bewohnte Leuchttürme wurde „Lighthomes" genannt. Hatte der Wärter Familie, wurden weiß gestrichene Cottages auf dem Gelände errichtet. Die Lighthouse Stations waren ein Dorf im Kleinen. Die Familie baute Obst und Gemüse an, hielt Gänse, Ziegen und Kühe, fing Hummer, Krebse und Fische und versorgte sich, so gut es ging, selbst –

Hannah Quinlivans Skulpturen ergreifen filigran den Raum, so auch „Vibration Disrupted" (im Vordergrund) in der Newcastle Art Gallery.

Touristen sind willkommen in Newcastle – so vermittelt es der freundliche Bobby an Newcastles Tourist Information (oben).

Mitte: Rathaus (rechts) und städtisches Theater säumen den großen Wheeler Place (Mitte links).

Betriebsam am Tag wie am Abend: Byron Bay, wo man sich nach einem Strandtag gerne in den Cafés und Kneipen der Jonson Street trifft.

Am Echo Point thronen die fotogensten Felsen der Blue Mountains über dem Jamison Valley: die Three Sisters Meehni (922 m), Wimlah (918 m) und Gunnedoo (906 m).

Die Bergwelt nahe Katoomba verlangt ihren Besuchern einige Mühe ab: Etwas Erleichterung verschafft der Scenic Railway zu den Three Sisters, doch geht es steil die Treppenstufen durch die Felsformation empor.

denn häufig vergingen mehrere Monate zwischen den Versorgungslieferungen. Aktiv ist weiterhin Nobbys Lighthouse. Rund 20 dieser Lighthouse Stations sind heute beliebte Schlafgelegenheiten für Selbstversorger oder romantische B & B-Unterkünfte – die meisten von ihnen befinden sich an der Südostküste, so auch in New South Wales.

Wasser-Labyrinthe und blaue Wälder

Letzter Strand vor dem Hawkesbury River ist Palm Beach, exklusivster Strand-Vorort und Herz der „Peninsula", auf der sich Millionäre, Pop- und Filmstars in Traumvillen mit ebenso herrlicher Aussicht niedergelassen haben. Vor der Haustür stets vertäut: der hochmotorisierte Kabinenkreuzer. Oder ein „tinny", ein kleines Aluboot, das sie zu ihrer Segeljacht bringt, die in der weiten Wasserlandschaft am Pfahl vertäut ist, die der Hawkesbury River mit unzähligen Seitenarmen und idyllischen Buchten an seiner Mündung geschaffen hat – gleich fünf Nationalparks schützen diese amphibische Region.

Ein Labyrinth, unbezwingbar und undurchdringlich, waren für die ersten Siedler auch die Blue Mountains, die im Westen von Sydney bis zu 1000 Meter hoch aufsteigen. Sobald die Tage wärmer werden, legt sich ein blauer Schleier über die Berge. Es sind die ätherischen

Ein blauer Schleier legt sich über die Berge.

Öle der 91 Eukalyptusarten. So herrlich sie duften, so gefährlich sind sie: Sie machen die Berge zu einer der anfälligsten Regionen für Buschfeuer. Dass die Wollemi-Tanne sie überlebt hat, gehört zu den Wundern des fünften Kontinents. Die erst 1994 entdeckte, urtümliche Kiefernart gilt als lebendes Fossil – ihre Wurzeln reichen über 90 Millionen Jahre zurück!

BODENNUTZUNG IM HUNTER VALLEY

Steinkohle versus Shiraz

Im Hunter Valley prallen zwei Welten aufeinander: die Rebkultur und der Kohlebergbau. Nordwestlich von Newcastle produziert Australiens ältestes Weinbaugebiet erlesenen Sémillon und Shiraz – und entreißen riesige Maschinen unermüdlich dem Hügelland Kohle.

Percy Hotel in Singleton ist heute eine Bar im Weinanbaugebiet.

Eine sanft gewellte Landschaft, überzogen mit Rebgärten. Hier und da ragen sandsteinfarbene Landhäuser mit überkragendem Dach und umlaufender Veranda aus dem Grün. Ein Tal, geradezu paradiesisch: das Hunter Valley – für Ausflügler aus dem Großraum Sydney der Wochenendtrip und die Nummer eins bei Frischverliebten.

Im Gepäck: der Syrah

Bereits 1823 wurden bei Dalwood am Ufer des Hunter River auf acht Hektar die ersten Reben gepflanzt. Als Vater des Weinbaus gilt jedoch der Schotte James Busby (1802–1871), der den Weinbau in Frankreich von der Pike auf gelernt hatte. 1833 brachte er von einer Reise einige Hundert Rebsorten Setzlinge mit. Mit im Gepäck war auch der rote Syrah, der als Shiraz zum Synonym für australischen Wein werden sollte. Weitere Winzer folgten ihm: 1830 zunächst George Wyndham, danach noch heute berühmte Namen wie Lindeman, Drayton und Tulloch. Neben diesen Giganten gibt es unzählige Boutique Wineries im Tal, kleine passionierte Winzer wie Undercliff Winery (www.undercliff.com.au), die ihre Weine meist nur an der Cellar Door, Probier- und Verkaufsstuben, anbieten. Bei ihnen wird der Rebensaft noch ganz *old fashioned* hergestellt: mit Handlese, offener Bottichgärung, manuellem Unterstoßen des Tresterhuts und ohne Filtration.

Rund 150 Weingüter haben ihre Kellertür für Weinguttouren geöffnet, besonders entlang der Broke Road von Pokolbin, wo unter anderem Lake's Folly (www.lakesfolly.com.au), The Hope Estate (www.hopeestate.com.au) und Tyrrells' Vineyards (www.tyrrells.com.au) zu finden sind. Wo welche Weine im Bundesstaat angebaut werden, verrät das NSW Wine Centre (ebenfalls Broke Road). 15 kleine Kellereien stellt das dort ansässige Small Winemakers Centre vor (426 McDonalds Rd., www.smallwinemakers.com.au).

Expansionshunger …

Doch immer öfter landet allerbestes Weinland in den Klauen der Bagger, die Chinas Rohstoffhunger befriedi-

Genussreiche Tropfen bringt das Hunter Valley nahe Sydney hervor – doch der Rohstoffhunger bedroht massiv die Weindörfer (unten: Abbau in der Mine Mt Thorley Warkworth).

Tyrrell´s Vine Estate in Pokolbin ist familiengeführt; ständig wird die Qualität der Weine kontrolliert.

gen sollen. Fast 50 Prozent der landwirtschaftlichen Fläche ist seit 1980 dem Kohlebergbau zum Opfer gefallen, belegt das staatliche Australian Bureau of Statistics. Vier Weltunternehmen (BHP Billiton, Rio Tinto, Glencore Xstatra und AngloAmerican) sowie zehn kleinere Bergbaubetriebe fördern jährlich rund 145 Mio. Tonnen Steinkohle und verschmutzen die Region dabei mit 350 Mio. Tonnen CO2.

Doch der Hunger nach Rohstoffen kennt keine Grenzen. Ende 2015 verloren die Einwohner von Bulga ihren Rechtsstreit gegen Rio Tinto. Die Megamine Mount Thorley Warkworth darf nun erweitert werden. Ein Dorf verschwindet. Rund um die Uhr wird die Kohle dem Erdreich entrissen. Nachts huschen die Lichter der Bagger wie Geister über das Land. Die Krume, die der Bergbau zerstört, gehört zu den besten Böden des gesamten Kontinents – unter ihr liegt ein riesiges unterirdisches Wasserbecken.

Verheerende Eingriffe

Abgebaut wird längst auch unter Tage. Mit fatalen Folgen: Das Grundwasser wird verseucht, ganze Landstriche sacken ab, Häuser und Highways sind von Rissen durchzogen. Buschbrände mehren sich, die Luftqualität leidet. 1,5 Kilometer lange *block trains* mit bis zu 80 Waggons bringen die Kohle zur Küste nach Newcastle. Was im Land bleibt, wird vor Ort verstromt – in der Redbank Power Station und weiteren riesigen Kraftwerken am New England Highway. 30 Kilometer nördlich von Singleton rauchen die Schlote der 2640 Megawatt starken Bayswater Power Station. Wen wundert es noch, dass Australien der weltgrößte Pro-Kopf-Klimaverschmutzer ist?

Geradezu erschreckend ist die Rechtslage. Der Bevölkerung bleibt gegen den konservativen Premier und die Macht der Konzerne allein passiver Widerstand. Denn Privatleute, Farmer und Winzer besitzen nur die oberste Krume ihres Landes. Alle Bodenschätze gehören dem Volk – ein Blankoschein für Bergbauunternehmen mit gültiger Minenlizenz.

Fakten & Informationen

Zahlen zum Bergbau

Im Hunter Valley sind 14 Bergbauunternehmen mit 14 300 Arbeitsplätzen aktiv; 14 Minen im Lower Hunter Valley, 17 im Upper Hunter Valley. Es gibt 24 Bahn-Verladestationen; pro Jahr verkehren 15 000 Züge zum Port of Newcastle, dem weltgrößten Kohlehafen. Der Steinkohle-Umschlag 2015 betrug 150,5 Mio. Tonnen. Zielländer sind: China, Japan, Taiwan, Korea.

Internet:

pro Bergbau: www.hvccc.com.au, www.nswmining.com.au; contra Bergbau: Organisator der Kampagne „Coal & Health“: www.coalandhealth.org; Hunter Valley Protection Alliance: http://huntervalleyprotectionalliance.com; Hunter Valley Mine Watch: www.huntervalleyminewatch.com; Hunter Community Environment Centre: www.hcec.org.au

Weinbau

Anbaugebiete sind das Lower Hunter Valley (Pokolbin/Cessnock) und das Upper Hunter Valley (Denman, Muswellbrook und Scone) mit 150 Kellereien, 7300 Arbeitsplätzen (20 % der Bevölkerung des Upper Hunter Valley); Rebfläche: 4469 Hektar.

Internet:

Staatliche Dachorganisation: www.wineaustralia.com;
Australischer Winzerverband: www.wfa.org.au;
Weinverband von New South Wales: www.nswwine.com.au;
Weinregion Hunter Valley: www.winecountry.com.au

Die Böden des Hunter Valley sind ertragreich: Pro Hektar bringen sie pro Jahr 5,5 Tonnen Rotwein und 6,9 Tonnen Weißwein hervor.

Maßstab 1:20.000
0
300m
Sydney Harbour
Walsh Bay
DAWES PT
THE ROCKS
MILLERS PT
Sydney Opera House
Royal Botanic Gardens
Farm Cove
Garden Island
Potts Point
Darling Harbour
DARLING HARBOUR
PYRMONT
The Domain
Hyde Park
WOOLLOOMOOLOO
POTTS PT
ELIZABETH BAY
RUSHCUTTERS BAY
KINGS CROSS
DARLING HURST
CHINATOWN
Fort Denison
Kirribilli Point
Bennelong Point
Mrs. Macquaries Point
Elizabeth Bay
Rushcutters Bay
1 Downshire Place
2 Bushell Place
3 Cumberland Place
4 Greenway Lane
5 Bakehouse Place
1 Sydney Square
2 Sands Street
3 St. Johns Street
4 James Street
5 Albion Place
1 Stables Lane
2 Seale Lane
3 College Lane
4 McCarthy Place
1 McLaughlan Pl.
2 Bethel Lane
3 Bourke Lane
4 Shadforth Place
5 Margaret Place
1
2
3
4
5
6
7
8
9
10
11
12
13
14
15
16
17
18
19

Maßstab 1:5.000.000
0
80 km
SYDNEY
NEWCASTLE
PARRAMATTA
Brunswick Heads
Cape Byron (Most easterly Point of mainland Australia)
Byron Bay
Ballina
Yamba
Grafton
Coffs Harbour
Port Macquarie
Taree
Armidale
Tamworth
Moree
Bourke
Dubbo
Orange
Bathurst
Katoomba
Lithgow
Gosford
Maitland
Narrabri
Walgett
Nyngan
Cobar
Parkes
Mudgee
Singleton
Gondwana Rainforests of Australia
Blue Mountains Nat. P.
Jenolan Caves
Liverpool Ra.
Warrumbungle Ra.
New England Ra.
20
21
22
23
24
25

G'day – willkommen in Sydney

Für viele Besucher bedeutet Sydney die erste Begegnung mit Australien – mit seinen Wahrzeichen, seiner Lebensart und dem „Australian spirit". An der Nordküste begegnen ihnen coole Surfer mit ihren Boards und tierische Exoten in Nationalparks, die wiederum mit ihren Felsen und den Malereien atemberaubend sind.

1 – 19 Sydney

Fast doppelt so groß wie Berlin ist die Fläche, auf der sich **Sydney** **TOPZIEL** (5 Mio. Einw.) zwischen den Blue Mountains und der Pazifikküste erstreckt. Seine Stadtteile sind von Einwanderung geprägt, jeder dritte Sydneysider wurde außerhalb Australiens geboren.

SEHENSWERT

Am 1 **Circular Quay,** 1788 Anlegekai der First Fleet, heute Knotenpunkt von Bus, Bahn und Hafenfähren, müssen Sie sich entscheiden: rechterhand am Port Jackson entlang, dem größten Naturhafen der Welt, zum Welterbe 2 **Sydney Opera House** (Bennelong Point, www.sydneyoperahouse.com, diverse Touren, Erw. ab 37 AUD) des dänischen Architekten Jørn Utzon und zu den 3 **Royal Botanic Gardens** (www.rbgsyd.nsw.gov.au, tgl. 7.00–17.00/19.30 Uhr je nach Monat, Eintritt frei), wo der Gouverneur von New South Wales in der Kolonialvilla des Government House residiert.
Oder links am Wasser entlang zur Keimzelle der Stadt, 4 **The Rocks** (www.therocks.com), wo zu Füßen der 5 **Harbour Bridge** vor mehr als 200 Jahren die Besiedlung Sydneys begann – vom 87 m hohen **Pylon Lookout** (www.pylonlookout.com.au, tgl. 10.00–17.00 Uhr, Erw. 13 AUD) im südöstlichen Pfeiler gewinnen Sie einen guten Überblick.
Durch den Tunnel „Arglye Cut" erreichen Sie 6 **Walsh Bay**, Wohngebiet von Millionären, Heimstatt der Sydney Theatre Company und Sitz des Bangarra Dance Theatre, des berühmtesten indigenen Tanzensembles. Vorbei an 7 **Bangaroo,** Sydneys neuer Perle an der Waterfront, geht es zum 8 **Darling Harbour** (www.darlingharbour.com) mit IMAX-Theater, Malls, Cafés, Restaurants und dem SEALIFE SydneyAquarium (www.sydneyaquarium.com.au, tgl. 9.30–18.00 Uhr, Erw. 40 AUD). Gleich nebenan lässt sich Australiens exotische Fauna im **Wildlife Sydney** (www.wildlifesydney.com.au, tgl. 9.30–17.00, Okt.–April Fr.–So. bis 18.00 Uhr, Erw. 40 AUD) entdecken.
Eine Oase zum Entspannen ist der 16 **Chinese Garden of Friendship** mit seinem Tea House (Pier Street, tgl. 9.30–17.00, Okt.–März bis 17.30 Uhr, Erw. 6 AUD). Zwischen Dixon Street und Hay Street lockt 17 **Chinatown** mit Asienmärkten und Imbisshallen, Kräuterläden, Massage- und Beautysalons. Kaufhäuser und Arkaden verbinden das Shopping-Mekka Pitt Street, George Street und Castlereagh Street. Die nostalgische **Strand Arcade** (412 George Street) birgt Boutiquen australischer Designer. Im 1890 erbauten 11 **Queen Victoria Building** (www.qvb.com.au) locken auf drei byzantinisch-edlen Galerien 200 Boutiquen, Restaurants und Cafés. Wenig weiter schweift vom 12 **Sydney Tower** (100 Market Street, www.sydneytowereye.com.au, tgl. 9.00–21.30/22.00 Uhr, Erw. 26,50 AUD) mit Cafeteria, Drehrestaurant, 4-D-Kino und Aussichtskanzel in 300 m Höhe der Blick 80 km weit über Sydney bis zur Botany Bay und den Blue Mountains – in der Dämmerung besonders spektakulär!
Wer im CBD arbeitet, picknickt mittags im 13 **Hyde Park** an Brunnen, Blumenbeeten oder dem ANZAC-Memorial.
Per Fähre oder Seilbahn kommen Sie zum 18 **Taronga Zoo** (Bradleys Head Road, www.taronga.org.au, tgl. 9.30–16.00/16.30/17.00 Uhr, Erw. 46 AUD) mit mehr als 4000 Tieren – wer „Roar & Snore" bucht, darf inmitten von Löwen und Lemuren, Affen und Kängurus zelten und mit einem Pfleger hinter die Kulissen schauen. Pflastermüde? Eine Minicruise mit Sydney Ferries bringt Sie nach 19 **Manly,** wo Sie im **Manly Sealife Sanctuary** (West Esplanade, Tel. 02 82 51 78 78, www.manlysealifesanctuary.com.au, tgl. 9.30–17.00 Uhr, Erw. 25 AUD, Haitauchen 224 AUD) mit Haien, Mantas und Meeresschildkröten tauchen.

Sydneys Chinese Garden mit Pagode; wer möchte im Kostüm posieren? Ernsthafter geht es Museum of Contemporary Art zu.

MUSEEN

Unterhaltsam entführt das 14 **Museum of Sydney** (Phillip Street/Bridge Street, http://sydneylivingmuseums.com.au/museum-of-sydney, tgl. 10.00–17.00 Uhr, Erw. 10 AUD) in die Stadtgeschichte. Die Anfänge der Rocks werden im 9 **Susannah Place Museum** (58–64 Gloucester Street, http://sydneylivingmuseums.com.au/susannah-place-museum, tgl. 14.00–18.00 Uhr, Erw. 8 AUD) wieder lebendig. 170 australische Gegenwartskünstler wie David Noonan, Tracey Moffatt und Mike Parr lassen sich im 10 **Museum of Contemporary Art Australia** (140 George Street, www.mca.com.au, tgl. 10.00–17.00, Do. bis 21.00 Uhr, Eintritt und Führung frei) entdecken – die Dachterrasse bietet herrliche Aussichten auf den Hafen! Die 15 **Art Gallery of New South**

Flussnahes Brooklyn am Hawkesbury River; Fels in den Jenolan Caves in den Blue Mountains; Konzentration im St Ives Bowling Club

Wales (Art Gallery Road, Tel. 02 92 25 17 00, www.artgallery.nsw.gov.au, tgl. 10.00–17.00, Mi. bis 22.00 Uhr, Eintritt frei) birgt Meisterwerke der australischen Malerei sowie Arbeiten der Aborigines.

ERLEBEN

Adrenalinkicks tags und nachts garantiert der **BridgeClimb** (3 Cumberland Street, www.bridgeclimb.com, ab 278 AUD). Frühaufsteher dürfen **Backstage in der Sydney Opera** sein: tgl. um 7.00 Uhr beginnt die Führung (www.sydneyoperahouse.com, Erw. ab 165 AUD). Der schönste Küstenweg der Stadt (www.bonditocoogeewalk.com.au) bringt Sie zu **Wylie's Bath** in Coogee (südl. von Bondi Beach). Gruselig ist eine **Ghost Tour** durch die Quarantänestation (1828–1948) im Sydney Harbour National Park (Manly), wo Neuankömmlinge mit Chemie abgeduscht wurden (www.quarantinestation.com.au, Touren Mi.–So., Erw. ab 38 AUD). Ein nostalgischer Jahrmarkt ist der **Luna Park** (www.lunaparksydney.com). Mehr als 40 Wasserrutschen und andere nasse Attraktionen machen **Wet'n'Wild Sydney** (westl., https://wetnwildsydney.com.au) zum weltgrößten Wasserpark.

VERANSTALTUNGEN

Im Januar lockt das **Sydney Festival** (www.sydneyfestival.org.au) mit Kultur in XXL. Im Februar/März feiern die Homosexuellen mit dem **Sydney Gay Lesbian Mardi Gras** (SGLMG; www.mardigras.org.au). Als härteste Regatta der Welt gilt das 628 Seemeilen lange **Sydney to Hobart Yacht Race** durch die Bass Strait. Zu **Silvester** entzündet Sydney ein spektakuläres Feuerwerk.

ÜBERNACHTEN

Im **€€€ QT Sydney** (49 Market St, www.qtsydney.com.au) sind die 200 Suiten so opulent inszeniert wie einst die Bühne des State Theatre, in dem Sydneys szenigstes Boutiquehotel residiert. Poppige Geometrie: Piet Mondrian wäre sicher erstaunt über das freche Design des **€/€€ Ovolo 1888 Hotel** (139 Murray St, Pyrmont, www.1888hotel.com.au).

RESTAURANTS

Wer bei Starköchen wie Matt Moran vom **€€€ Aria** (1 Macquarie Street, www.ariarestaurant.com), Neil Perry vom **€–€€€ Rockpool** (11 Bridge Street, www.rockpool.com/sydney), Guillaume Bahimi vom **€€€ Guillaume's** (92 Hargrave Street, www.guillaumes.com.au) oder Tetsuya Wakuda vom **€€€ Tetsuya's** (529 Kent Street, http://tetsuyas.com) speisen möchte, muss Wochen im Voraus einen Tisch bestellen. S. auch „Unsere Favoriten" S. 22.

NACHTLEBEN

Sydneys Rotlichtviertel heißt **Kings Cross.** An Sydneys berühmteste Prostituierte erinnert die Weinbar **€/€€ Love Tilly Devine** (91 Crown Lane, www.lovetillydevine.com).

UMGEBUNG

Rd. 20 km nördl. vom Stadtzentrum befindet sich der **St Ives** Bowling Club (http://www.stives.nsw.bowls.net.au). Das Weinanbaugebiet **Hunter Valley** (2 Autostunden nordwestl.; s. S. 38) lässt sich auch per Kutschfahrt (www.huntervalleycarriages.com.au) oder im Heißluftballon (www.balloonaloft.com) erkunden.

INFORMATION

Sydney Visitor Centre The Rocks,
Ecke Argyle/Playfair Street,
gebührenfreies Service-Tel. 1 800 06 76 76,
www.experiencesydneyaustralia.com,
www.sydney.com
Hunter Valley: www.huntervalleyvisitorcentre.com.au

20 – 24 North Coast

Die North Coast wird entlang des Pacific Highway immer stärker urbanisiert. Am Asphaltband Richtung Brisbane liegen jedoch einige der schönsten Nationalparks von NSW.

SEHENSWERT

Den Auftakt macht der **20 Ku-ring-gai Chase National Park** (www.nationalparks.nsw.gov.au), der an die Suburbs von Sydney grenzt. Sein von Flüssen zerfurchtes Sandsteinplateau birgt jahrtausendealte Felsmalereien der Guringai-Aborigines. Am Oberlauf des Hawkesbury River gründete Governor Macquarie 1810 die fünf **„Macquarie Towns"** Windsor, Richmond, Wilberforce, Castlereagh und Pitt Town. Hinter Gosford sind die Küstenstraßen A 49 und A 43 eine aussichtsreiche Alternative zum Highway. Sie enden in **21 Newcastle** (312 000 Einw.), Kohlehafen und Tor zum Hunter Valley. Nördlich beginnt eine reizvolle **Ausgleichsküste** mit Nehrungen, auf denen Dünen weite Lagunen vom Pazifik trennen. Die **Stockton Sand Dunes** sind als größte Wanderdünen des fünften Kontinents ein Hotspot für Sandboarding (www.portstephens4wd.com.au), die **Myall Lakes** und der **Crowdy Bay National Park** (www.nationalparks.nsw.gov.au) berühmt für ihren Vogelreichtum. „Blue Water Paradise" nennt sich der Naturhafen von **Port Stephens,** in dem rd. 200 Delfine leben. Im Juni/Juli und Okt./Nov. wandern mehr als 3000 Wale die Küste entlang – beide Meeressäuger lassen sich bei Bootsausflügen beobachten (www.tamboiqueencruises.com, www.imaginecruises.com.au). **22 Port Macquarie** (77 450 Einw.) ist bekannt für sein Koala Hospital (s. S. 33). Im **Dorrigo National Park** (www.nationalparks.nsw.gov.au), Teil des Welterbes, bietet am Dorrigo Rainforest Centre ein Skywalk (Eintritt frei) Ausblicke auf den Regenwald vom **Waterfalls Way,** der unzählige Wasserfälle berührt.

Auf etwa halbem Weg zwischen Sydney und Brisbane verrät The Big Banana, dass **23 Coffs Harbour** (45 600 Einw.) Zentrum des größten australischen Bananenanbaugebietes ist. Der Weltumsegler George Gordon Noël Byron war Namenspate für Kap und Bucht **24 Byron Bay** TOPZIEL (5000 Einw.); heute teilen sich Familien mit wohlhabenden Paaren den Strand und Jugendliche warten mit ihren bunten Boards auf die perfekte Welle.

Tipp

Abheben zum Dinner

Mit dem Flieger zum Dinner? Klingt dekadent, schlägt aber drei Fliegen mit einer Klappe: Der Flug entlang der Küste ist schlichtweg atemberaubend. Peat's Bite liegt im Hawkesbury River und lässt sich nur per Boot oder Wasserflieger erreichen. Die Küche ist ein Fest für alle Sinne. Wer bleiben will, nächtigt in einer der sechs Villen.

www.peatsbite.com.au,
7-Gäste-Menü inkl. Wein 135 AUD;
Flug nach Rosebay: www.seaplanes.com.au, 20 Min., 400 AUD

Tipp

Schaukelnd am Strand

John Hardys Ausritte am Strand sind nicht gewöhnlich: Nicht hoch zu Ross, sondern auf dem Höcker von Kamelen reitet er täglich außer Sonnabend in kleinen Gruppen bei den Port Macquarie Camel Safaris den breiten Lighthouse Beach entlang.

Tel. 04 37 67 20 80, www.portmacquariecamels.com.au, Erw. 35 AUD

INFORMATION
Newcastle Visitor Centre: www.visitnewcastle.com.au;
Greater Port Macquarie Visitor Centre: www.portmacquarieinfo.com.au;
Coffs Harbour Visitor Centre: www.coffscoast.com.au;
Byron Bay Visitor Centre: www.visitbyronbay.com

25 Blue Mountains

Rund 100 km westlich von Sydney trennen die bis zu 1000 m aufragenden Blue Mountains die Küstenebene von Weidegründen, Weizenfeldern und dem Outback. Die wilde Bergwelt mit schroffen Sandsteinfelsen, tiefen Canyons, Wasserfällen und dem blauen Dunst der Eukalypten gehört zum Weltnaturerbe.

SEHENSWERT
Auf dem Weg in die Blue Mountains sollten Sie einen Stopp in **Parramatta** einplanen, der zweitältesten Siedlung auf dem Kontinent. Tor zu den südl. Blue Mountains ist Glenbrook, das touristische Herz heißt **Katoomba,** seit dem 19. Jh. Sydneys Sommerfrische. Über dem 275 m tiefen **Jamison Valley:** die **Three Sisters.** Hautnahe Eindrücke liefern die **Scenic Railway,** steilste Schrägseilbahn der Welt, die Gondel des **Scenic Skyway** und **Scenic Cableway** sowie der **Scenic Walkway** (Scenic World, www.scenicworld.com.au, tgl. ab 9.00 Uhr, Kombiticket Erw. 35 AUD). Die **Furber Stairs** führen mit 800 Stufen zum Talboden, wo der zweistündige **Great Round Walk** beginnt. Die Panoramastraße **Cliff Drive** ist nachmittags am schönsten! Zu den imposantesten und ältesten der 350 Kalksteinhöhlen, die die Berge durchlöchern, gehören die **Jenolan Caves** (Jenolan Caves Road, Jenolan, www.jenolancaves.org.au, diverse Touren tgl. 9.00 bis 17.00 Uhr, Erw. ab 35 AUD).

INFORMATION
Blue Mountains Visitor Information Centre, Echo Point, Echo Point Road, Katoomba, Service-Tel. 13 00 65 34 08, www.visitbluemountains.com.au

Genießen   Erleben   Erfahren

DuMont Aktiv

Safaris durch die Küchen der Welt

In Sydney sorgen britisches Erbe, Buschküche der Aborigines und Einflüsse der Einwanderer aus aller Welt für eine lebendige und experimentierfreudige kulinarische Vielfalt. Auf dem Sydney Fish Market werden jährlich mehr als 14 500 Tonnen Fang versteigert, mehr als 100 Arten Seafood kommen werktags beim zweitgrößten Fischmarkt der Welt unter den Hammer – frühmorgens bei Führungen zu erleben. Wie Austern, Tintenfische, Riesengarnelen und Sushi perfekt zubereitet werden, verrät die Sydney Seafood School. Kostproben mit Hintergrund liefern Gourmet-Touren.

Gourmet Safaris und Foodi laden australienweit ein, kulinarische Traditionen nach Küchen, Stadtvierteln oder Regionen zu entdecken. Völkerverständigung geht durch den Magen, meinen die Guides von Taste, hinter denen die älteste Wohlfahrtsorganisation Australiens steht, und erläutern in Sydney die Küchen Asiens, Thailands und des Nahen Ostens bei Führungen und gemeinsamen Mahlzeiten.

Die Straßenküchen asiatischer Länder lassen sich mit Mia Cucina bei Foodie Walking Tours entdecken – im Juni und Juli können Gäste mit auf Trüffeljagd in New South Wales gehen. Ultimately Sydney startet samstags zu Gourmettouren durch die westliche Innenstadt und den Süden der Stadt.

Weitere Informationen
Sydney Seafood School: www.sydneyfishmarket.com.au/seafood-school/about-sss
Gourmet Safaris: http://gourmetsafaris.com.au, ab 125 AUD
Foodi: http://foodi.com.au, 49–65 AUD, auch Nachttouren
Taste: www.tastetours.com.au, 55–95 AUD
Mia Cucina: www.miacucina.com.au, Trüffeltour 150 AUD, Länderküchen 130 AUD
Ultimately Sydney: www.ultimatelysydney.com.au, 128 AUD
Rechtzeitige Reservierung ist bei allen Anbietern erforderlich!

Köstlichkeiten des Meeres sind an den Ständen des Fischmarkts von Darling Harbour in Sydney ausgebreitet: Langusten, Hummer, Muscheln und Krebse …

Die Hauptstadt vom Reißbrett

Kamberra, „Treffpunkt", nannten die Ngunnawal-Aborigines das Gebiet, auf dem ab 1911 auf halber Strecke zwischen Sydney und Melbourne Australiens Hauptstadt auf dem Reißbrett entstand. Spötter betiteln Canberra gerne als „beleuchtete Weide" – tatsächlich jedoch pulsiert die Bundeskapitale im Herzen hoher Berge im Takt der Kultur.

Die National Gallery of Australia in Canberra präsentiert die Rainbow-Serpent-Motive auf den Pukumani Poles in einem weiten Raum.

Schon die Architektur des Parlamentsgebäudes in Canberra vermittelt Offenheit. An Sitzungstagen erlauben zudem Galerien, Demokratie live zu erleben – bei den Debatten der 148 Abgeordneten des Bundesparlaments.

Der Blick fällt vom Mount Ainslie über das wuchtige Australian War Memorial und den Lake Burley Griffin bis zum New Parliament.

Auf Aspen Island in Canberras Lake Burley Griffin hat ein Geschenk der britischen Regierung seinen Platz, der National Carillon mit einem Glockenspiel aus 53 Glocken.

Das Australian War Memorial in Canberra hält die Erinnerung an den Tod Zehntausender Soldaten wach, ...

... während sich das National Museum of Australia mit einem spektakulären Konzept der langen Geschichte des Kontinents widmet.

Special

Mythos Regenbogenschlange

Urahnin der Ureinwohner

Mit känguruähnlichem Kopf, Krokodilzähnen und einer Krone aus Federn auf dem Kopf haben sie die Aborigines in Ostaustralien auf den Fels gemalt: die Regenbogenschlange, *rainbow serpent*.

Ihre Heimat ist der Uluru. Am heiligen Berg der Ureinwohner hütet das zentrale Schöpferwesen aus der mythischen Vorzeit den Wasserschatz der Aborigines: Maggie Springse oder Mutitjulo – einen kleinen See, der immer Wasser führt, obgleich es keine Quelle gibt. Weiße Wissenschaftler haben bis heute vergeblich eine Erklärung für dieses Phänomen gesucht. Für die örtlichen Pitjantjatjara-Aborigines genügt es zu wissen, dass man sich hier im Reich der Regenbogenschlange befindet und damit am Schnittpunkt aller Songlines, des komplexen Wegesystems durch die reale und spirituelle Welt der Aborigines. Das Wegenetz dieser Traumpfade orientiert sich an Bäumen und Gebirgen, Flüssen und Pflanzen, aber auch an Fixpunkten aus der Geschichte eines Stammes. Jedem dieser Orte schreiben die Aborigines bestimmte mythische Bedeutungen zu; er bestimmt dann die Tabus oder die Verbindung zu einem Tier, dem Totem. Jeder Stamm hat seinen eigenen Mythos, seinen eigenen Traum. Er beschreibt nicht nur den Ursprung, sondern auch den Lebensraum und die Genealogie eines Stammes.

Regenbogenschlange, Teil des Universums

Als sich 1901 die sechs Kolonien Australiens zum Commonwealth of Australia verbanden, stritten sich Melbourne und Sydney erbittert, welche Stadt die wichtigere sei – und damit würdig der Ernennung zur Hauptstadt. Nach jahrelangem Hickhack beendete das Parlament 1908 die Rivalitäten mit einem Kompromiss: einer neuen Hauptstadt, die gleich weit von beiden Städten entfernt zu errichten sei. Die Standortwahl fiel auf eine Ebene südlich von Yass in New South Wales.

Der lange Weg zur Hauptstadt

Am 1. Januar 1911 erwarb die australische Regierung formell das Gelände des Australian Capital Territory (ACT). Am 12. März 1912 wurde Canberra als Bundeshauptstadt und Sitz der australischen Regierung offiziell gegründet. Den noch im gleichen Jahr initiierten internationalen Wettbewerb zur Stadtgestaltung gewann der amerikanische Architekt Walter Burley Griffin (1876–1937). Sein Entwurf sah eine offene Gartenstadt vor, ohne Zäune vor den Gärten und Antennen auf dem Dach. Ihren Grundriss prägen konzentrische Kreise, strahlenförmige Achsen und ein See als Bindeglied zwischen Regierungsviertel Capital Hill im Süden und dem Stadtzentrum City Hill im Norden.

Der Erste Weltkrieg und bürokratische Hürden behinderten die Umsetzung des Projekts. Erst 1927 konnten Bundesregierung und Bundesparlament von der Interims-Hauptstadt Melbourne nach Canberra umziehen.

Mit neuem Schwung

Die Bürger lockte die neue Hauptstadt zunächst kaum: Mit 5000 Einwohnern war die Kapitale um 1930 eine Hauptstadt ohne Herz. Das änderte sich erst mit der Gründung der National Capital Development Commission, deren Maßnahmen ab 1958 für einen nennenswerten Anstieg der Bevölkerung und für Leben in den Straßen sorgten. 1963 wurde Molonglo River zum elf Kilometer langen Lake Burley Griffin aufgestaut. Mit Parkanlagen, Picknickplätzen, Rad- und Wanderwegen, mit Ausflugsbooten, die über die sieben Quadratkilometer große Wasserfläche schippern, ist der See bis heute eine beliebte Oase der Erholung mitten in der Stadt. In Ufernähe entstanden politische und kulturelle Wahrzeichen, die das Selbstverständnis Australiens verkörpern und, wie das New Parliament, aufregende Architektur bieten. Trotz hervorragender Museen und eines ganzjährig prall gefüllten Kulturkalenders bleibt Canberra jedoch für viele Besucher eine spröde Schöne. Dennoch

Die Luft in den Nationalparks bei Canberra ist minzig, kühl und frisch.

sollte man hier ein paar Tage einplanen, nie allerdings während der Parlamentspausen oder Semesterferien – dann wirkt Canberra wie ausgestorben.

Downhill in Downunder

Betrieb herrscht im Allgemeinen im Namadgi National Park, der fast die Hälfte des Hauptstadtterritoriums einnimmt. Im Sommer locken seine sieben Gipfel

In der einsamen Schutzhütte in den Snowy Mountains (oben) wirkt ein Picknick am Lake Burley Griffin weit entfernt (Mitte). Gar nicht scheu sind die Kängurus (unten).

Im Sommer nutzen Wanderer die weite Landschaft von Kosciuszko National Park und Snowy River für ausgedehnte Touren.

Links: Heute gelten die verwilderten Nachfahren der Pferde, die die ersten Siedler einst mit ins Land gebracht haben, als Gefahr für die fragile australische Natur.

Zwischen Sydney und der Grenze zu Victoria erstreckt sich die 400 km lange South Coast.

Rechts: Strahlend weiß erhebt sich Kiama Lighthouse an der Küste.

Unten: Wo früher im Hafenbecken von Eden Walfänger ablegten, dümpeln heute die Trawler der Fischer.

Ganz unten: Frisch aus dem Meer kommen die Austern in The Oyster Shed in Batemans Bay, einem zwischen Kiama und Eden gelegenen Ort.

Links: Von feinster Gestaltung sind nicht nur die fragilen Verzierungen des Balkons an dem Holzhaus in Pambula, einem nördlich von Eden gelegenen Küstenort, sondern auch die aufwendigen Zeichnungen auf den Boards.

Der Ort Merimbula ist beliebt als Ferienort und als Alterssitz. Ein schöner Platz ist das Ufer des Merimbula Lake, eigentlich eine Flussmündung.

Der Country Store in Tilba Tilba ist nur einer von vielen Stores, in denen rund 80 Lebenskünstler Toffees, Tee und Tand verkaufen.

Rund 2000 Brumbies (Wildpferde) leben im Wander- und Wintersportmekka am Mount Kosciuszko.

über 1600 Meter Höhe Buschwanderer, im Winter werden die Ski angeschnallt, grenzt das bergige Waldgebiet doch an den Kosciuszko National Park – und damit an die beliebtesten Schneeberge des fünften Kontinents. Wenn von Juni bis September mehr als drei Meter Neuschnee fallen, trifft sich Australiens Jetset in Thredbo. Das Dorf zu Füßen des Mount Kosciuszko (2228 Meter) ist Australiens exklusivster Wintersportort. Das Besondere liegt bereits in der Luft. Sie ist minzig, mild, frisch und würzig, selbst bei klirrender Kälte. Schuld daran sind Snow Gums, eine winterfeste Eukalyptusart, die Läden und Lodges hinter ihrem dichten Blätterdach versteckt, die Pisten begrenzt und Farbtupfer ins Winterweiß setzt.

Anders sind auch die Unterkünfte, die Australier bereits Monate im Voraus buchen. Skiurlaub im eigenen Land ist für sie vor allem *very social,* sehr gesellig. Gewohnt wird daher meist nicht in Hotels mit internationalem Standard, sondern in individuellen Lodges mit komplett eingerichteter Gästeküche. Sobald die Sonne hinter den Bergen verschwunden ist, werden Käse, Kräcker und Wein hervorgeholt – als kleiner Imbiss zwischen Piste und Party. Am nächsten Morgen geht es für Europäer ungewohnt früh wieder auf die Piste. Gestärkt mit einem *cooked breakfast,* dem klassisch englischen Ensemble aus Ei, Schinken, Würstchen und dicken Bohnen in süßlicher Tomatensoße, herrscht schon ab acht Uhr morgens an den Liften ein reges Treiben. Die Qualität der Pisten mag an jene in den Alpen erinnern. Wären da nicht die Wombats, Possums, Kängurus und wilden Brumbies, die ab und zu ganz unverhofft im Schnee auftauchen.

Der Mann vom Snowy River

Die Wildpferde der australischen Alpen inspirieren seit den Tagen der frühen Pioniere die Künstler. Banjo Paterson hat im Nationalepos „The Man from Snowy River" Pferd und Reiter verherrlicht. 1982 wurde sein Werk mit Kirk Douglas verfilmt – doch bei der 20-minütigen Pferdejagd stehlen die Brumbies dem Hollywoodstar die Schau. Sibyl Elyne Mitchell begeisterte mit „Silver Brumby" (1958) Generationen von australischen Kindern, die die Abenteuer des jungen Palminohengstes und seiner Nachfahren begeistert verfolgten.

Heute sollen ihre harten Hufe den Boden schädigen, Erosion und Versteppung seien die Folgen, sagen Naturschützer und Landwirte. Eine Massentötung 2013 per Hubschrauber sorgte jedoch weltweit für Proteste. Jetzt werden die Tiere eingefangen.

MANGELWARE WASSER

Australiens Kampf gegen die Dürre

Flüsse, die nur nach Monsunregen Wasser führen, ausgetrocknete Seen und strenge Auflagen beim Rasensprengen: Australien ist nach der Antarktis der trockenste Kontinent der Welt. 70 Prozent des Landes sind Wüste oder Steppe. Dürre – „draught" – ist ein Dauerthema der Schlagzeilen.

Permanente Wasserstandsmessung am Blowering Dam, Staudamm des Snowy Mountain Hydro-Electric Scheme

Rund 465 Millimeter Niederschlag fallen jährlich in Australien, damit halb so viel wie in Deutschland. Klingt noch recht ordentlich, täuscht aber sehr. Denn das Nass fällt hauptsächlich an der Ostküste vom Himmel, wo dank der Steigungsregen an den Hängen der Great Dividing Range Regenwälder der Urzeit überlebt haben. Von Januar bis April lassen Zyklone und Monsune sintflutartige Regenfälle an der tropischen Küste von Nordqueensland niederprasseln. Ganze Landstriche versinken dann in den Fluten. 150 Tage regnet, schauert, nieselt oder schüttet es rund um Tully, eine Kleinstadt in den Wet Tropics von Queensland. Mit Tully rühmen sich auch deren Nachbarn Innisfail und Babinda als *wettest town of Australia,* als nasseste Stadt Australiens.

Wenige Meter unter der Krume erstreckt sich im Landesinnern ein riesiges Süßwasservorkommen – das artesische Becken – über eine Fläche von 2400 mal 1500 Kilometern. Bei Bohrungen schießt das Nass mit enormem Druck an die Oberfläche. Der Nachteil des *bore water,* das Windräder und Pumpen hochholen: Es besitzt teils einen sehr hohen Salzgehalt.

Durstige Metropolen

Genau im Süden, wo die Metropolen Sydney, Melbourne und Canberra einen enormen Wasserdurst haben, gibt es dieses Becken nicht – und die Sommermonate sind hier nahezu niederschlagsfrei. 70 Prozent des australischen Wasserkonsums verbraucht die Landwirtschaft und die privaten Haushalte gehören trotz *water restrictions* beim Autowaschen und Rasensprengen zu den größten Wasserverschwendern der Welt.

Lieferant für das wertvolle Nass ist seit Jahrhunderten das Murray-Darling River Basin. Australiens größtes Flusssystem stillt den Durst von Landwirtschaft und Städten in einem Drittel des Landes. Die Baumwollfarmer von Queensland aber wollen immer mehr Wasser für ihre Felder. Das Flusssystem droht zu versiegen. Feuchtgebiete am Fluss stehen heute nur noch alle 25 Jahre im Nass.

Doch wie ist der Wasserdurst in der Zukunft zu stillen? Trinkwasser-

Oben: Der Golden Gumboot reckt sich als riesiger Bata-Gummistiefel aus olivgrüner Glasfaser an der Busstation von Tully in den Himmel. Er ist Infoturm, Aussichtsplattform und Fotomotiv zugleich.

Links: In den Snowy Mountains, bei Kiandra, staut der Three Mile Dam das Wasser.

Recycling oder Meerwasser-Entsalzungsanlagen gibt es bislang kaum. Seit der Einweihung des Snowy Mountain Scheme wird fast das gesamte Wasser des Snowy River über die Great Dividing Range zur Bewässerung geleitet. Minimal wenig Wasser darf dem alten Lauf entnommen werden. Die Folge: Der Unterlauf des Snowy River ist nur noch ein schmales Rinnsal. „Wenn statt 2 nur 28 Prozent des Wassers wieder im alten Bett fließen würde, könnte sich der Fluss erholen", so die Bürgerinitiative Snowy River Alliance. Ihr Protest wird bislang kaum gehört.

Fakten & Informationen

Infos zu Projekten:
Murray-Darling Basin: www.mdba.gov.au
Snowy Mountain Hydroelectrical Scheme: www.snowyhydro.com.au
Snowy River Alliance: www.snowyriveralliance.com.au

Snowy Mountain Hydro-Electric Scheme:
Nach dem Zweiten Weltkrieg wurde hiermit Australiens größtes System für die Strom- und Wasserversorgung erbaut: In der Bauzeit von 25 Jahren wurden 16 Staudämme angelegt, 145 km Tunnel für Wasserleitungen in den Fels gesprengt und 80 km lange Aquädukte erstellt.

New South Wales
Victoria
Australian Capital Territory
Jervis Bay Territory
Tasman Sea
Maßstab 1:2.000.000
0
40 km
1
2
3
4
5
6
7
8
9
10
WOLLONGONG
CRONULLA
Heathcote and Royal Nat. P.
Stanwell Park
Bulli
PORT KEMBLA
Lake Illawarra
Shellharbour
Kiama
Nowra - Bomaderry
Huskisson
Jervis Bay
Booderee Nat. P.
Conjola Nat. P.
Ulladulla
Milton
Kioloa
Murramarang Nat. P.
Durras
Batemans Bay
Burrewarra Pt.
Mossy Point
Moruya
Tuross Lake
Bodalla
Narooma
Montague I.
C. Dromedary
Wallaga Lake
Bermagui
Biamanga Nat. P.
Goalen Pt.
Mimosa Rocks Nat. P.
Hist. Cheese Factory
Tathra
Bournda Nat. P.
Yellow Pinch Wildlife Park
Merimbula
Old School Museum
Twofold Bay
Eden
Edrom
Ben Boyd Nat. P.
Cape Green
Disaster Bay
Nadgee Nature Reserve
C. Howe
Gabo I.
CANBERRA
Queanbeyan
Canberra Space Centre
Tinderry Range
Monaro Ra.
Kosciuszko National
Snowy Mts.
Mt. Kosciuszko 2228
Smiggins Holes
Thredbo Village
Jindabyne
Lake Jindabyne
Cooma
Bredbo
Michelago
Goulburn
Yass
Wagga Wagga
Albury
Wodonga
Wangaratta
Benalla
Lake Hume
Lake Mulwala
Griffith
Narrandera
Leeton
Junee
Cootamundra
Tumut
Gundagai
Young
Temora
Bowral
Moss Vale
Marulan
Braidwood
Bega
Bombala
Delegate River
Omeo
Bright
Mt. Beauty
Falls Creek
Alpine National Park
Barry Mts.
Buchan Caves
Cann River
Mallacoota
Genoa
Wingan Inlet
Mt. Buffalo Nat. P.
Mt. Buller
Lake Eildon
Jamieson (Hist. Mining)
Mansfield
Tolmie
Euroa
Violet Town
Goldfields Park
Pioneer Farm Mus.
Tucker Box
Wabba Wilderness Park
Blowering Res.
Lake George
Lake Bathurst

Kapitale Schneeberge und weite Sandstrände

Eine Hauptstadt im Hochtal, wilde Berge und atemberaubende Küsten mit Kaps, Inseln und dem weißesten Sandstrand der Welt: Der Süden von New South Wales mit der „Insel" des Hauptstadtgebietes ist ungeheuer reizvoll und abwechslungsreich. Aktive bewegen sich hier zwischen Skifahren, Wandern und Whale-Watching-Touren.

1 Canberra

Alles, was in **Canberra** (358 000 Einw.) wirklich sehenswert ist, liegt am 35 km langen Seeufer des Lake Burley Griffin, in dessen Mitte der Captain Cook Memorial Jet Wasser 140 m hoch in den Himmel schießt. Der 3,4 km lange Parliament House Walk verbindet mit 13 Stationen das Jolimont Centre der City am Nordufer mit der Kultur- und Parlamentzone des Südufers.

SEHENSWERT

Auf dem Capital Hill baute der Stararchitekt Romaldo Giurgola ab 1929 für 1,2 Mrd. AUD zehn Jahre lang am **New Parliament** (www.aph.gov.au/visit_parliament, tgl. 9.00–17.00, Führungen tgl. 9.30, 11.00, 13.00, 14.00, 15.00 Uhr, Eintritt/Tour frei) – dessen Vorplatz schmückt ein Aborigines-Motiv aus 90 000 Granitsteinchen, seine 4700 Räume sind zum Großteil tief in den Berg hineingebaut. Auf dem Grasdach des Bundesparlaments weht am 81 m hohen Mast die australische Flagge – ein herrlicher Aussichtspunkt! Das **Old Parliament** (18 King George Terrace) sollte mit der Fertigstellung des Nachfolgers abgerissen werden. Doch nach Bürgerprotesten birgt der weiße Prunkbau von 1927 heute das Museum of Australian Democracy (s. u.). Als eines der schönsten Häuser im Parliament Triangle gilt der Glas-Beton-Bau des **High Court** (www.hcourt.gov.au), des Obersten Gerichtshofs von Australien. Die elegante **National Library** (www.nla.gov.au) zieren außen ein markanter Säulengang, drinnen große Wandteppiche und Buntglasfenster. Auf der kleinen Aspen Island erhebt sich der **Canberra Carillon** – mittags spielen die 53 Glocken Volkslieder. Zu den ältesten Gebäuden von Canberra gehört **Blundell's Cottage** (1860; Wendouree Drive). Die australische Pflanzenwelt mit Banksien, Zylinderputzer, Goldakazie und 7000 anderen Exoten stellen die **National Botanic Gardens** (Clunies Ross Street, Black Mountain, www.anbg.gov.au/gardens, tgl. 8.30–17.00 Uhr, Erw. 5 AUD) in ihrer natürlichen Umgebung vor.

MUSEEN

Geschichte und Gegenwart der australischen Demokratie dokumentiert das **Museum of Australian Democracy** (Old Parliament, 18 King George Terrace, http://moadoph.gov.au, tgl. 9.00–17.00 Uhr, Erw. 2 AUD). Berühmt für ihre Sammlung indigener Kunst ist die **National Gallery of Australia** (Parkes Place, www.nga.gov.au, tgl. 10.00 –17.00 Uhr, Eintritt frei), deren Fundus mehr als 70 000 Werke australischer und ausländischer Künstler wie Arthur Boyd, Sir Sidney Nolan, Tom Roberts und Albert Tucker umfasst. Ein Hingucker ist der Skulpturengarten, der sich von der Galerie bis an den See erstreckt. Im Erlebnismuseum **Questacon** (King Edward Terrace, Parkes, www.questacon.edu.au, tgl. 9.00–17.00 Uhr, Erw. 23 AUD) lüften 200 interaktive Exponate die Geheimnisse von Naturphänomen. Einblicke in Bau und Entwicklung der Hauptstadt bietet die **National Capital Exhibition** (Barrine Drive, www.nationalcapital.gov.au, Mo.–Fr. 9.00–17.00, Sa./So. 10.00–16.00 Uhr, Eintritt frei). Ungeheuer fesselnd ist das **National Museum of Australia** TOPZIEL (Lawson Crescent, Acton Peninsula, www.nma.gov.au, tgl. 9.00–17.00 Uhr, Eintritt frei) – mindestens drei Stunden sollten Sie für die landesweit einzige Sammlung zur Geschichte des roten Kontinents einplanen. An die 102 000 Soldaten, die ihr Blut für das Mutterland Britannien ließen, erinnert das **Australian War Memorial** (Treloar Crescent, ANZAC Parade, Campbell, www.awm.gov.au, tgl. 10.00 bis 17.00 Uhr, Eintritt frei). Von hier führt die ANZAC Parade zum Lake Burley Griffin. Das **Australian Institute of Sport** (Leverrier Street, Bruce, www.experienceais.com, Besichtigung nur mit Führung, 10.00, 11.30, 13.00, 14.30 Uhr, 90 Min., Erw. 19 AUD) ist die Kaderschmiede australischer Elitesportler – Sie können hier Ihre eigenen sportlichen Fähigkeiten testen.

Das Old Parliament House in Canberra birgt heute ein Museum. Würdevoll präsentiert sich das Australian War Memorial, außen wie innen.

ERLEBEN

Entspannend: Sightseeing bei einer **Minikreuzfahrt** auf dem Lake Burley Griffin (www.lakecruises.com.au, tgl. 10.30, 13.30, 15.00, Sa./So. auch 12.00 Uhr, Erw. 18 AUD).

VERANSTALTUNGEN
Im März steigen frühmorgens ab 6.15 Uhr beim **Canberra Balloon Spectacular** (http://balloonspectacular.com.au) kunterbunte Heißluftballons aus der ganzen Welt in den Himmel. Nicht minder farbenfroh gibt sich die **Floriade** (www.floriadeaustralia.com), die größte Blumenschau des fünften Kontinents, im Oktober.

UNTERKUNFT
So geht wahrer Luxus: Auch wer nicht im **€€€ Canberra Park Hyatt** (Commonwealth Ave, http://canberra.park.hyatt.com) logiert, sollte im edlen Art-déco-Hotel einmal einen traditionellen „High Tea" am Nachmittag genießen. Für ihr **€€/€€€ Hotel Hotel** (68 Zi., NewActon Nishi, 25 Edinburgh Ave, www.hotel-hotel.com.au) beauftragten Jonathan und Nectar Efkarpidis mehr als 65 Künstler, Designer und Architekten. Kaum größer als das XXL-Kingsize-Bett, aber perfekt ausgestattet sind die 120 Zimmer des **€ Little National Hotels** (21 National Circuit, Barton ACT 2600, http://littlenationalhotel.com.au).

INFORMATION
Canberra and Region Visitor Information Centre, 30 Northbourne Avenue, Dickson ACT 2602, Tel. 13 00 55 41 14, http://visitcanberra.com.au

2 Snowy Mountains

Die Snowy Mountains gehören zur Great Dividing Range, die die östlichen Küstenregionen vom Landesinneren trennt. In der urwüchsigen Landschaft entspringt u. a. der Murray River.

Tipp

Beste Aussichten

Herrliche Aussichten auf Canberra öffnen die Panoramastraße zum Aussichtspunkt Mount Ainslie sowie der 195 m hohe Telstra Tower auf dem Gipfel des Black Mountain.

100 Black Mountain Drive, Acton ACT 2601, www.telstratower.com.au, Erw. 7,50 AUD

Strandcafé in Merimbula. Bei Kiama brandet das Meer an den Fels, in Tilba Tilba werden in der Cheese Factory Probierbecher gefüllt.

SEHENSWERT
Das Tor zu den Snowies ist **Cooma,** im Sommer ein verschlafenes Örtchen, im Winter vom Trubel der Wintersportler belebt. Das **Snowy Mountain Scheme Information Centre** informiert 2 km nördlich von Cooma über Bau und Betrieb des Megaprojekts zur Wasserversorgung von ACT, NSW und VIC (Monaro Highway, www.snowyhydro.com.au, Mo.–So. 8.00–17.00, Sa., So. 9.00–14.00 Uhr).
Von Cooma führt der **Snowy Mountains Highway** durch den nördlichen Teil der Berge hin zu den Yarrangobilly Caves mit dem 4 m langen Stalagmit „Cleopatra's Needle". Noch eindrucksvoller ist der **Alpine Way,** der ab Jindabyne traumhafte Ausblicke eröffnet. Oberhalb von Thredbo begrub 1997 eine Erd- und Schlammlawine 18 Menschen unter sich – das **Thredbo Landslide Memorial** erinnert an das Unglück. Das Herz der Snowy Mountains schützt der 673 492 ha große **Kosciuszko National Park** TOPZIEL, der sich rund um Australiens höchsten Berg, den 2228 m hohen Mont Kosciuszko, und 150 km breit erstreckt – im Frühjahr ein Teppich bunter Wildblumen, im Sommer und Herbst Mekka der Mountainbiker und Wanderer, im Winter das der Skiläufer und Schneeschuhwanderer.

ERLEBEN
Von Juni bis September sind die Schneeberge fest in der Hand der Wintersportler, die sich in Thredbo (1370 m), Perisher (1720 m) und Charlotte Pass (1755 m) mit **Ski und Snowboard** die Pisten hinabschwingen. Auf den Spuren von Banjo Paterson lässt sich das High Country bei **Reynella Alpine Horseback Safaris** (Reynella Rides, 699 Kingston Rd, Adaminaby NSW 2629, http://reynellarides.com.au, ab 1300 AUD/3 Tage) hoch zu Ross entdecken. Abends wird unter dem Sternenzelt gecampt.

VERANSTALTUNGEN
Mitte Januar swingt **Thredbo** beim Blues Festival (www.thredbo.com.au/thredboblues). Im Februar kämpfen Drachenbootteams auf Lake Jindabyne um den Sieg beim zweitägigen **Flowing Festival** (www.flowingfestival.com.au).

INFORMATION
Snowy Region Visitor Centre, Kosciuszko Road, Jindabyne NSW 2627, Tel. 02 64 50 56 00, www.snowymountains.com.au

3 – 10 South Coast

Zwischen Sydney und der Grenze zum Bundesstaat Victoria erstreckt sich die 400 km lange South Coast: quirlige Badeorte, alte Goldgräberdörfer und hinreißende Nationalparks.

SEHENSWERT
Nach dem Band der Vorstädte im Süden von Sydney beginnt die South Coast in 3 **Kiama** mit lautem Getöse: Durch das Blowhole, einen Spalt in den Klippen, wird die Brandung des Pazifik bis zu 60 m hoch in die Luft geschleudert – besonders eindrucksvoll bei nächtlicher Beleuchtung! Die Mündung des Parma Creek teilt die weite 4 **Jervis Bay** (rd. 80 km südl.) in einen natürlich-ruhigen Norden und einen lebhaften Süden mit Ferienwohnungen und dem **Hyams Beach:** für das Guinnessbuch der Rekorde der Strand mit dem weißesten Sand – jedes Körnchen 99 Prozent perfekt gebleichter Quarz. Weitere Traumstrände an der Küste sind der Greenfield Beach, der Green Patch Beach im Booderee National Park, Bermagui, Beares Beach und der Meeresarm von Merimbula. 10 km südl. von Termeil führt ein Abzweig zum 5 **Murramarang National Park**, wo zur Dämmerung Zwergkängurus an den Pebbly Beach kommen und am Meer trinken. Über 6 **Batemans Bay** geht es nach 7 **Narooma,** wo Boote zur Mini-Insel **Montague Island** übersetzen, auf der Robben auf Felsen dösen. Im Schatten des Mount Gulaga ducken sich alte Goldgräberdörfer wie 8 **Tilba Tilba.** Von 9 **Eden** (110 km südl.) aus wurden 1828 bis 1930 die Giganten der Meere gejagt – heute starten hier Whale-Watching-Törns. Mit **Boydtown** (8 km südl. von Eden) wollte der Londoner Banker Ben Boyd (1801–1851) Sydney als Hauptstadt der Kolonie Konkurrenz machen – doch nach fünf Jahren war er bankrott. Einzig das Seahorse Inn, die Ruinen der Kirche und

ein paar Häuser sind im **Ben Boyd Nationalpark** erhalten. Südlich erstreckt sich das ⑩ **Nadgee Nature Reserve** – das einzige Küsten-Wildnisgebiet von NSW lässt sich nur zu Fuß erkunden.

MUSEEN
Entlang der Küste widmen sich viele Heimat- und Regionalmuseen der Seefahrt und der Walfangtradition – besonders zu empfehlen sind das **Jervis Bay Maritime Museum** (Woollamia Road, Huskisson, http://jbmm.asn.au, tgl. 10.00–16.00 Uhr) und das **Killer Whale Museum** (184 Imlay Street, Eden, http://killerwhalemuseum.com.au, Mo.–Sa. 9.15–15.45, So 11.15–15.45 Uhr). Orcas trieben vorbeiziehende Wale in die Twofold Bay, wo Walfänger sie erwarteten. Was sonst noch alles in den Fluten lebt, verrät das **Merimbula Aquarium** (The Wharf, Lake Street, www.merimbulawharf.com.au, tgl. 10.00–17.00 Uhr, im Winter Di. geschl.). 44 exotische und seltene Arten sind die Stars des **Mogo Zoo** (222 Tomakin Road, Mogo, tgl. 9.00–17.00 Uhr, Erw. 31 AUD).

ERLEBEN
Familienspaß garantiert der **Magic-Mountain-Themenpark** mit Achterbahn und Hochseilgarten (Sapphire Coast Drive, Merimbula, http://magicmountain.net.au, Sept.–Juli Mi.–So. 10.00–16.00 Uhr, Erw. Tagespass 25 AUD). In Eden startet Cat Balou Cruises ab Sept. zu **Walbeobachtungsfahrten** (www.catbalou.com.au, Erw. ab 60 AUD); mit Ocean Wilderness lassen sich **Seelöwen** vom Kajak aus beobachten (www.oceanwilderness.com.au, Erw. 85 AUD). Der 30 km lange **Light to Light Walk** führt bei Eden an unberührten Stränden zur Green Cape Lightstation.

VERANSTALTUNGEN
Kiama feiert im März sein **Jazz & Blues Festival** (www.kiamajazz.com). Klassik erklingt Ende März open air beim **Four Winds Festival** von Bermagui (http://fourwinds.com.au). Das **Eden Whale Festival** begrüßt im Okt. die Ankunft der Wale u. a. mit Straßenkunst und Ausfahrten (www.edenwhalefestival.com.au).

ÜBERNACHTEN
Zum €€€ **Paperbark Camp** gehören Öko-Luxus-Safarizelte im Buschland – die Buschküche ist sterneverdächtig (571 Woollamia Rd, Woollamia, www.paperbarkcamp.com.au).

RESTAURANTS
Traumblick aufs Meer zum kühlen Bier? Die Seacliff Gardens des €/€€ **Scarborough Hotel** gehören zu den schönsten Biergärten Australiens (383 Lawrence Hargrave Dr., Scarborough, www.thescarboroughhotel.com.au). Für ein Picknick empfiehlt sich Cheddar der **ABC Cheese Factory:** Pur, über Äpfeln geräuchert oder mit Kräutern, ist er seit 100 Jahren ein Hochgenuss (37 Bate Street, Central Tilba, www.tilba.com.au/abccheesefactory.html)!

INFORMATION
www.visitnsw.com/destinations/south-coast

Genießen Erleben Erfahren

DuMont Aktiv

Ab in den Busch!

Bush walking ist eine wahre Leidenschaft der Australier. Südlich von Sydney lässt sich die spektakuläre Küste bei einem abwechslungsreichen Bush Walk durch den Royal National Park erleben.

Start zum Coast Track ist Bundeena, ein Vorort im Süden von Sydney, der mit der Bahn bis Cronulla und von dort per Fähre erreicht werden kann. Wer die 26 km lange Strecke bewältigen will, sollte Erfahrung und Kondition besitzen – auf dem Pfad sind mitunter Hindernisse und Steigungen zu überwinden. Für die Anstrengung entschädigen unberührte Wildnis mit Busch sowie einzigartige Ausblicke von der Klippenküste auf die Tasmanische See, mit etwas Glück sogar auf Buckelwale!

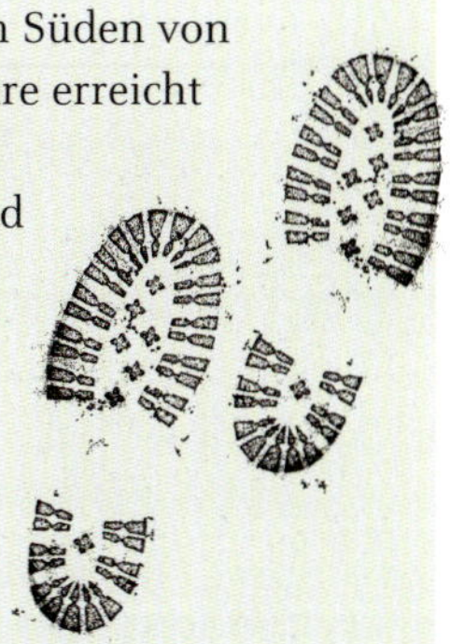

Unvergessliche Ausblicke bietet der Governor Game Lookout. Ein Muss: am North Era Campground früh aufstehen, um den Sonnenaufgang am Meer zu erleben – als rot glühender Feuerball steigt die Sonne aus dem Southern Ocean auf. Höhepunkt des zweiten Wandertages sind die Figure 8 Pools, malerische Rockpools in den Klippen, die man nur bei Niedrigwasser aufsuchen sollte. Kurz danach lockt der Jungle Loop Track mit einem Abstecher von rd. 5 km in einen urzeitlichen Palmenwald. Ein zweiter, 4 km langer Schlenker führt zum Werrong Beach, einem Idyll mit tosender Brandung. Mit dieser Badeperle endet der Track am Lady Wakehurst Drive bei Otford.

Weitere Informationen

Anreise: www.cronullaferries.com.au
www.nationalparks.nsw.gov.au/things-to-do/Walking-tracks/The-Coast-track
Übernachten: Bush Camping auf dem einfachen North Era Campground, online buchbar über: www.nationalparks.nsw.gov.au/camping-and-accommodation/campgrounds/North-Era-campground
Länge: 26 km (einfache Strecke), 1–2 Tage
Allgemein: Geeignet für trittsichere, geübte Wanderer.

Über den Coast Track kann man auch in Etappen wandern, er bietet immer wieder tolle Ausblicke auf den Ozean.

Hilton
BALLAH
ALLUNGA

Beliebte Sonnenküste

Beeindruckende 300 Sonnenstunden jährlich, weite Bade- und Surferstrände, die Inselträume des Great Barrier Reef und das grüne Welterbe im Hinterland lassen die Sonnenküste boomen. Und auch das Ziel der Metropole Brisbane ist hoch gesteckt – die drittgrößte Stadt des fünften Kontinents will Australien zeigen, wie man nachhaltig wächst: als beste „smart city“ der Antipoden.

Hoch oben vom Q1 Tower lässt sich die ganze Attraktivität der Gold Coast ermessen: endlose, breite Strände, der tiefblaue Ozean, mittendrin das quirlige Surfers Paradise.

Architekturfreunde finden zwischen Hochhäusern aus Glas und Stahl auch historische Bauten aus Backstein und Sandstein.

Rechts: Auf die Architekten Thomas Ramsay Hall und George Gray Prentice geht das neoklassizistische Rathaus von Brisbane mit seinem hohen Uhrturm zurück.

Unten: Die Albert Street Uniting Church bildet einen starken Kontrast zu den gläsernen Wolkenkratzern in ihrer Umgebung.

Kaffeefreunde sind in Brisbane genau richtig – und damit niemand beim Shopping zu viel Zeit im Café verliert, hilft der mobile Barristo zwischendurch weiter.

Links: Kommt ein Ibis in die Fußgängerzone von Brisbane …

Joggen und Walken in einer Zweimillionenmetropole? Brisbane schafft dafür beste Bedingungen, so etwa am Kangaroo Point, der einen perfekten Blick auf die Skyline des Zentrums bietet.

Kunst, Kultur und Lifestyle sorgen in Brisbane für Flair.

Keep left“, „Walk here“, „Prepare to stop“ informieren Schilder, auf dem Fußweg sind eindeutig die Laufrichtungen markiert: Fußgänger und Radfahrer werden in Brisbane genauso in die Verkehrsführung einbezogen wie andernorts nur Autos. Ob an den Auf- und Abgängen zur Goodwill Bridge oder zur Kurilpa Bridge, auf denen nur Fußgänger und Radfahrer zugelassen sind, ob am Highway für Radfahrer unter der Verkehrsarterie für Autos am Nordufer des Brisbane River: Stets geben Schilder und Bodenmarkierungen deutliche Anweisungen zum richtigen Verhalten.

Gut geschützt durch Brisbane

In den Lampenschirmen der LED-Leuchten, die nachts viel Licht für wenig Geld spenden, überwachen 360°-Videokameras die Einhaltung der Verkehrsregeln.

Für Notfälle wurden in dichtem Abstand Emergency Stations angelegt, Notrufpunkte. „Brisbane wächst so rasch, da muss man die Menschenmassen steuern und überwachen“, meint Chris, der an der Universität von Queensland Stadt- und Raumplanung studiert. „Wir haben Bewohner und Besucher aus so vielen Ländern – ihnen muss man doch zeigen, wie es hier läuft. Und dafür sorgen, dass sich alle sicher fühlen.“

Boom dank Rohstoffen

Seinen rasanten Aufschwung verdankt Brisbane in erster Linie der Landwirtschaft. Bis heute ist Queenslands wichtigster Finanzplatz zugleich noch immer *der* Handels- und Umschlagplatz für Agrarprodukte, die im Hinterland gedeihen – Baumwolle, Zucker, Bananen – und wie Kohle und Container hier, im größten Hafen des Bundesstaates, verschifft werden. Der Bauboom im „Bush Capital“, wie Brisbane noch in den 1960er-Jahren genannt wurde, begann 1987 mit den Commonwealth Games. Im Folgejahr lockte die Weltausstellung 14 Millionen Besucher auf das Expogelände am Südufer des Brisbane River, das heute die South Banks Parklands bildet. Bergbau und Biotech lassen im eng gedrängten Central Business District (CBD) immer neue Bürotürme aus Glas und Stahl in den Himmel wachsen, neben denen die wenigen historischen Gebäude winzig wirken. Seit der Millenniumswende im Ballungsraum auf 2,3 Millionen Einwohner angewachsen, ist heute *sustainability,* Nachhaltigkeit, Vision und Wachstumsmotor zugleich.

Mit grüner Energie, emissionsfreier Mobilität und schnellem Internet will die Hauptstadt von Queensland zur lebenswertesten Metropole der Welt aufsteigen. Zu den Leuchtturmprojekten

Badelagune, Open-Air-Kunst und Promenade – so präsentiert sich Brisbanes South Bank.

gehört das 20 Millionen AUD schwere EzyGreen-Programm, das Stadt und Bundesstaat gemeinsam mit Partnern aus Industrie und den Medien aufgelegt haben. Seit 2016 läuft es unter „Live for Less" – und zeigt Bossen und Bürgern mit praktischen Beispielen, dass nachhaltiges Wirtschaften und Leben den Geldbeutel schont.

Bis 2026 will die öffentlich-private Partnerschaft Brisbane zum Energiesparprimus des Kontinents machen. Zu den Mammutaufgaben gehört dabei, die hohen Energiekosten für die Klimatisierung der Büros, Geschäfte und Werkstätten zu senken. Cofely Australia und Thiess Services haben dazu das CBD District Cooling System entwickelt. Es funktioniert wie Fernwärme – nur eben mit Kälte. Das 230-Millionen-Dollar-Projekt soll den Kohlendioxid-Ausstoß jährlich um bis zu 24 000 Tonnen senken und Energieeinsparungen von bis 30 Prozent ermöglichen.

Über 61 000 Haushalte schlossen sich dem EzyGreen-Programm in Brisbane an.

aus: www.citysmart.com.au/portfolio/ezygreen

Ob dabei alles sauber läuft? So manch ein Brisbanite bezweifelt das. Und das vielleicht auch zu Recht. In seinem Krimi „Last Drinks" (2008) erzählt Andrew McGagan, wie ein korruptes System einst die Privatisierung des Stromsektors mit dem Betrieb von illegalen Spielhallen, Bars und Bordellen erkauft und jeglichen Skrupel in Alkohol ertränkt hat. Alles nur erfunden? Nein – der Autor hat für sein Erstlingswerk nur ein reales Ereignis dichterisch ausgeschmückt: die Untersuchungen der Fitzgerald-Kommission zu einem Korruptionsskandal 1989, im Zuge dessen der Premier seinen Job verlor und drei Minister in den Knast wanderten ...

Glamour der Goldküste

Politiker und Promis, großes Geld, schnelle Motoren, heiße Mädchen und Surferboys: Auch mit der Gold Coast verbinden sich längst Geschichten, Legenden und viele Gerüchte.

Eine Autostunde südlich von Brisbane erstreckt sich zwischen Southport und Coolangatta auf 70 Kilometer Länge ein fast perfektes Ferienparadies. Quirliges Zentrum des ungebremsten Ferientrubels ist Surfers Paradise. Für die einen ist der boomende Badeort die australische Antwort auf Miami, für die anderen der Inbegriff von wildem Leben, genannt Urlaub. Die Hochhausstadt der Luxushotels und Apartmenttürme, der Jugendherbergen und billigen Beach Bungalows scheidet die Gemüter. Und zieht doch jeden Monat eine Million Touristen an. Seit 2006 überragt der rund 323 Meter hohe Wohnturm Q1 die Strandpromenade mit ihren Fast-Food-Ketten und Souvenir Shops.

Inspirierend: Fashion Walk vor Jimmy's On The Mall am Shoppingzentrum QueensPlaza

Ostaustralien wurde von Europäern besiedelt – heute erzählt man gerne von den irischen, schottischen oder englischen Vorfahren und zeigt sich mit ihnen verbunden, so auch in Brisbane.

Das Fortitude Valley in Brisbane ist nicht nur abends ein Viertel für Entdecker: Art déco in schöner Form prägt das McWhirters Building, ein traditionsreiches Kaufhaus in der Brunswick Street.

Die Skypoint-Aussichtsplattform des Q1 in Surfers Paradise lockt mit einem 360°-Rundblick in die schier unendliche Weite.

Verkauf von Krebsen in Surfers Paradise direkt ab Boot – frischer geht's nicht.

Der Main Beach in Surfers Paradise ist sehr beliebt für lange Strandwanderungen zu Füßen der Hochhausbauten.

Baden ist an den goldgelben Stränden der Gold Coast angesagt, ...

... wo natürlich Lifeguards nach dem Rechten schauen und vor Gefahren warnen.

Special

Klimawandel

Wetter extrem

Immer wieder sorgt Australien mit extremen Wetterlagen für Schlagzeilen.

Jahrelange Trockenheit, wochenlange Überschwemmungen, golfballgroßer Hagel und Orkane, riesige Waldbrände. Woran liegt es? Klimaforscher sagen: Schuld ist die globale Erwärmung – sie fördert extreme Wetterlagen. Orkane stürmen hier mit Spitzengeschwindigkeiten von über 200 km/h über das Land. 2011 erlebte Australien eine der schwersten Flutkatastrophen seiner Geschichte. Eine Fläche von der Größe Deutschlands und Frankreichs stand nach den ergiebigsten Niederschlägen seit Beginn der Aufzeichnungen in Queensland unter Wasser. In Nordqueensland ist es im Januar/Februar so feucht, dass Möbel Moos und Wände Schimmel ansetzen – wären da nicht die Klimaanlagen, die auf Hochtouren laufen, um Räume und Häuser zu entfeuchten – und über Treibhausgase wiederum Einfluss auf den Klimawandel nehmen ...

„The G" – die erste Straßenbahn Queenslands und die weltweit einzige mit Halterungen für Surfboards – rauscht von hier zum Pacific Fair: seit 2016 wieder größter Einkaufskomplex des Sunshine State. Die Konkurrenz präsentiert sich open air: Carrara – mit 400 Ständen der größte Markt der Küste.

Für ungetrübte Shoppingfreuden sorgen die Meter Maids: Braun gebrannt und blond, knapp bekleidet mit goldenem Bikini und weißem Akubra-Hut, patrouillieren gut aussehende Girls auf Inlineskates durch die Straßen von Surfers Paradise und füttern die Parkuhren, damit Besucher keine Strafzettel bekommen. Bezahlten einst die Geschäftsleute den Service, so trägt er sich heute selbst – die Meter Maids sind ein Markenzeichen, denen längst auch ein eigenes Museum gewidmet ist.

Fun und Federkleid in Farbe

Nach Einbruch der Dunkelheit zeigt sich die Gold Coast im Farbenrausch: Jupiters Casino in Broadbeach Island lockt mit Neonreklame und Roulette rund um die Uhr, mit Entertainment und auch Livemusik. Bis fünf Uhr früh dringt Techno aus den Tanztempeln, hottet die Küste zu House, Electro und Hits von heute.

Im nahen Currumbin Wildlife Sanctuary gibt's Action: Greifvogelschau,

Die Glass House Mountains ragen im Hinterland der Sunshine Coast empor. Ihr Name geht auf Captain James Cook zurück, der sich beim Anblick an Glasschmelzöfen erinnert fühlte.

Der Tree Top Walk ist einer der (schwankenden) Wege, auf denen sich der Lamington National Park erkunden lässt,...

... und mit etwas Glück erblickt man auf der Wanderung farbenprächtige Bewohner wie den Lamington Spiny Lobster.

Im Lamington National Park lebt der Urwald der Urzeit. Subtropisch, exotisch.

Schafschurvorführung, ein Krokodil wird präsentiert – und im Vogelpark flattern kunterbunte Rainbow Lorikeets, eine Papageienart, um die Kaffeebecher der Besucher. *Fun* rund um die Uhr ist das Motto an der Gold Coast, Amerika das Vorbild.

Nur 60 Kilometer landeinwärts leuchten feuerrote Flammenbäume im Dickicht. Mit festen Schlingen „erdrosseln" Würgefeigen meterdicke Satinay-Pinien. Zwischen Baumfarn und Banksia erklingt der Ruf des Leierschwanz. Im Lamington National Park lebt der Urwald der Urzeit. Subtropisch, exotisch. 500 Wasserfälle donnern bis zu 1000 Meter hohe Hänge hinab. 160 Kilometer Wanderwege durchziehen die Wildnis, neun Hängebrücken, 16 Meter hoch, entführen beim „Tree Top Walk" in die Wipfel.

Kirschtorte im Regenwald

Auf dem Rückweg zur Küste lohnt ein Abstecher nach Mount Tamborine. Vom Sattel des Bergkamms öffnet sich der Blick auf die Skyline der Gold Coast. Der kleine Ort, kaum größer als eine Straße, hält deutsches Erbe wach. In einem alpenländisch gestylten Chalet werden Kuckucksuhren zum Kauf angeboten. Nebenan serviert ein „German Cake House" Schwarzwälder Kirschtorte. Entlang des „Gallery Walk" von Eagle Heights verkaufen Kunsthandwerker ihre Kreationen aus Keramik, Silber und Seide. Wie gut die Verdelho, Chardonnay, Sémillon und Sauvignon Blanc im kühlen Bergklima gedeihen, zeigt Mt. Tamborine Wines, das älteste Weingut der Gold Coast, bei Degustationen.

Schick gestylt

Im Norden von Brisbane ist die Sunshine Coast, lange Zeit die familiäre Alternative zur mondänen Gold Coast, in den letzten Jahren in den Sog der Boom-Metropole geraten. Immer schneller wird auch zwischen Caloundra, Mooloolaba, Coolum und Rainbow Beach die Küste urbanisiert. Längst ist Noosa das Nizza der Antipoden. Direkt am Sand bereiten surfende Köche kulinarische Kreationen mit Zutaten, die nur hier an der Ostküste zu finden sind: Moreton Bay Bugs, Bärenkrebse, die mit frischen Limetten ihr volles Aroma entfalten, und Banana Prawns, Garnelen.

In den grünen, subtropischen Hügeln hinter der Küste, zwischen Ananas- und Zuckerrohrfarmen, liegen kleine ländliche Dörfer wie Montville mit seinen englischen Cottages, Schweizer Chalets und alten „Queenslandern": tropischen Landvillen mit viel Holz, die auf Stelzen ruhen. Von Maleny, einem kleinen Ort südlich der Bergwelt

Einer der Süßwasserseen auf Fraser Island ist Lake McKenzie, er speist sich nur aus Regenwasser.

der Blackall Range, schweift der Blick zu den Glass House Mountains. In der Traumzeit, so erzählen die Kabi-Kabi-Aborigines, war die Felsgruppe mit 13 Säulen eine Familie, die sich vor vielen Tausend Jahren zerstritt. Ihr steinernes Antlitz zeugt noch heute davon: Tibrogargan blickt hinaus auf das Meer, Coonawrin lässt den Kopf hängen und Mutter Beerwah ist noch immer schwer von der Schwangerschaft, denn es dauert lange, einen neuen Berg zu gebären.

Grüne Insel mit Superlativen

Oder eine solche Küste zu schaffen, wie sie der Cooloola National Park auf 30 Kilometer Länge schützt. Die 60 Meter hohen Sandsteinklippen, die im Morgenlicht in Orange und Ocker leuchten, sind geologische Vorboten von der größten Sandinsel der Welt: Fraser Island. Doch die Insel ist nicht gelb, sondern grün: Regenwald wächst hier auf Sand – und das ist weltweit einzigartig. Kauri-Kiefern, bis zu 200 Jahre alt, bedecken die ältesten Dünen, mehr als 60 Meter hoch recken sich Satinay-Bäume über prähistorischen Farnen in den Himmel.

Doch ins Meer wagt sich niemand: Tigerhaie kreuzen im knöcheltiefen Wasser und Blue Bottles, deren Berührungen sehr schmerzhaft sind, treiben in der Brandung. Und war das nicht eben ein Dingo? Die Nationalparkverwaltung schützt mit einem Management Plan die rund 200 Wildhunde, die auf der Insel leben. Zahlreiche Straßen im Norden der Insel sind komplett für den Verkehr gesperrt, das Füttern der Tiere ist unter Strafe gestellt – bei Verstößen drohen empfindliche Bußgelder, die nach *penalty points* gleich vor Ort gezahlt werden müssen. Ganz andere australische Exoten haben nördlich von Mackay im „Land der Wolken" ihre Heimat. Im Regenwald des National Park von Eungella, wo Frösche ihre Eier im Magen ausbrüten, lebt auch der Platypus – beim Schnorcheln im Broken River können Gäste dem scheuen Schnabeltier nahe kommen.

Links oben: Am 75 Mile Beach treffen sich die Brandungsangler – allerdings nur bei klarem Himmel. Ist er bedeckt, jagen hier die Haie in den Fluten.

Links Mitte: Fährverkehr von Fraser Island nach River Heads bei Hervey Bay

Nur auf Fraser Island wächst Regenwald auf Sand – weltweit einmalig!
Auch Dingos haben hier ihre Heimat – zu ihnen sollte man Abstand halten.

Hier lenkt nichts ab, nur weißer Strand und türkisblaues Wasser – ein idealer Platz auf Fraser Island für Yogaübungen und Meditation.

Farbspiel in Blau und Grün

Zurück an der Küste, leuchtet das Meer türkis, flirtet mit weißen Stränden, dunklem Fels und farbenprächtigen Korallen. Dann wieder ist es tiefblau, unergründlich, und Wale schlagen ihre Fluke auf die Fluten. Der Duft von Frangipani und Jasmin erfüllt die Luft. Palmen wiegen sich in der Brise, alte Schoner und schnittige Jachten kreuzen zwischen versunkenen Bergen, von denen grün und hügelig nur die Spitzen aus dem Korallenmeer ragen: „Whitsunday Islands“ nannte Captain Cook den Archipel aus 74 Inseln im Herzen des Great Barrier Reef. Tagtäglich steuern Katamarane die Ausflugsplattformen am Hardy Riff und Knuckle Reef an.

1500 Fischarten tummeln sich im kristallklaren Wasser des größten Riffs der Welt, dem Great Barrier Reef, und veranstalten ein Fest der Farben: gelbblaue Kaiserfische, silbrig schimmernde Barrakudas, orangefarbene „Nemos“ und winzige Rain-Fische, die blinken, wenn sie die Richtung wechseln. Dass auch Skorpione, Steinfische, Seeschlangen und andere furchterregende Kreaturen in der Unterwasserwelt leben, verrät in Townsville das Reef HQ, das größte Korallenriff-Aquarium der Welt.

Vorsicht vor Krokodilen

Nördlich von Townsville traut sich niemand mehr in die Coral Sea, wenn kein Life Saver Dienst tut. Und auch an den Stränden halten sich die Gäste an die Maxime: nur bei Tageslicht, nie zu nahe an Flussmündungen und immer nur dort, wo auch die Einheimischen im Sand flanieren. Denn der Far North ist die Heimat der *salties* – selbst zwischen den Inseln kreuzend wurden die gefährlichen Leistenkrokodile schon gesichtet.

Die Ostküste, ob nun Sunshine Coast (ganz oben) oder Gold Coast, ist ihrer Brandung wegen beliebtes Ziel der Surfgemeinde.
Das Hamilton Island benachbarte, knapp einen halben Kilometer lange Plum Pudding Island ist Teil der Whitsundays.

Der Stadtstrand von Townsville hat mit dem Schattenspiel der mächtigen Banyanbäume seinen eigenen Reiz.

Das (immer sehr gut besuchte) Traumziel der Inselgruppe: Whitehaven Beach auf der Hauptinsel Whitsunday Island, ein gut sieben Kilometer langer, schneeweißer Silikatstrand.

INDUSTRIE AM GREAT BARRIER REEF

Paradies in Gefahr

Die Zeichen sind schlecht für die Zukunft des Great Barrier Reef. 2015 hat Australien den umstrittenen Ausbau des Kohlehafens Abbott Point gebilligt. Der indische Minenbetreiber darf dazu eine Million Kubikmeter Meeresboden abtragen. Die Welt reagiert entsetzt, Australien gelassen. Das Weltnaturerbe werde nicht geschädigt, sagt die konservative Regierung. Riff und Baustelle trennen 20 Kilometer …

Seit 1981 gehört das Great Barrier Reef zum Weltnaturerbe der UNESCO. Bei der Frage, wie groß es tatsächlich ist, fängt bereits der Streit an: Nach Ansicht der Industrie besitzt es eine Gesamtfläche von 200 000 Quadratkilometern, die Naturschützer sagen: 350 000 Quadratkilometer – und damit hätte das Riffgebiet fast die Größe der Bundesrepublik Deutschland. Abermillionen winziger Lebewesen haben über Jahrtausende das größte Bauwerk der Natur geschaffen. Doch nur wenige Jahre genügen, um es zu zerstören: Allein in den letzten 30 Jahren hat das Great Barrier Reef rund die Hälfte seiner Korallendecke eingebüßt. Das ruft jetzt eine zweite Lobby für den Schutz des Riffs auf den Plan. Denn es ist auch wirtschaftlich wichtig – über den Tourismus. Zwischen Gladstone und Port Douglas lebt die Küste von der Faszination, die von Korallen und ihrer bunten Unterwasserwelt ausgeht. 1500 Boote, Hubschrauber und Kleinflugzeuge starten mehrmals täglich hin zum Riff. Sechs Milliarden AUD fließen dadurch in die Kassen der Kommunen. Jährlich.

Paradies in Gefahr

Der Klimawandel setzt dem Riff zu. Mit stärkeren und häufigeren Zyklonen als früher – und steigenden Wassertemperaturen. Letztere begünstigen, so das Intergovernmental Panel on Climate Change (IPCC), die Korallenbleiche: Die Algen, die im Innern in Symbiose mit den Korallen leben und ihnen Farbe verleihen, geraten bei Temperaturen von mehr als 29 Grad Celsius unter Stress, sondern Giftstoffe ab und werden abgestoßen. Aus bunt wird kalkweiß. Düngemittel, Pestizide und Abfälle werden über die Flüsse ins Riff gespült; die Chemikalien erschweren den Korallen die Nahrungsaufnahme. Die steigende Kohlendioxid-Konzentration der Ozeane stört zudem die Kalksynthese der Korallen. Sie versauern.

Kampf um den Welterbestatus

Doch als größte Bedrohung für das Riff hat sich in den letzten Jahren der Rohstoffhunger Asiens entwickelt. Immer mehr, immer größere Schiffe transportieren von den Häfen der Ostküste Kohle und Erze nach Japan, China, Taiwan und Korea. Ihre Schiffsschrauben wirbeln Sedimente auf. Als feiner Staub legen sie sich auf dem Riff ab. Die Korallen ersticken.

Dennoch hat Australien im Dezember 2015 grünes Licht für den Ausbau der Kohlehäfen an der Ostküste gegeben. Abbott Point, weltgrößte Drehscheibe für Kohle und Erze, soll bis zu 200 Millionen Tonnen im Jahr umschlagen. Zwar hat der indische Minenbetreiber Adani diverse Auflagen für den Ausbau erhalten, doch Umweltverbände wie WWF und Greenpeace kritisieren die Pläne. Das Gebiet, das ausgebaggert werden soll, ist die Kinderstube von Delfinen, Mantarochen und Meeresschildkröten – sie bringen hier ihren Nachwuchs zur Welt. Beim Aushub wird zudem Seegras zerstört, Nahrung der Seekühe.

Diese fatalen Folgen riefen die UNESCO auf den Plan: Sie forderte Australiens Regierung auf, bis Ende 2016 Fortschritte beim Schutz des Riffs nachzuweisen. Nur knapp hatte Australien 2015 verhindern können, dass das Riff auf die Rote Liste des bedrohten Welterbes gesetzt wurde. Ist es 2017 nicht in einem besseren Zustand als heute, verliert Australien ein Weltnaturerbe.

Die intensive touristische Nutzung stresst das Ökosystem des Great Barrier Reef. Mehr als zwei Millionen Menschen besuchen jedes Jahr das Riff, um zu tauchen, zu schnorcheln und zu schauen.

Fakten & Informationen

Vielfalt des Great Barrier Reef
Mehr als 14 000 Arten an Meerestieren leben in dem Gebiet, das sich über 2300 km an der Ostküste erstreckt.

Abbott Point
www.nqbp.com.au/abbot-point

Ausbau-Gegner
Australian Marine Conservation Society: www.marineconservation.org.au
Fight for the Reef: https://fightforthereef.org.au
Greenpeace: www.greenpeace.de/schuetzt-das-riff
WWF: www.wwf.de

Great Barrier Reef
Maßstab 1:4.000.000
0
80 km
TOWNSVILLE
Magnetic Island
Central Section
Marion Reef
Great Barrier Reef
Marine Park
Whitsunday Is. N.P.
Whitsunday I.
Hamilton I.
Hayman I.
Hook I.
Lindeman Group
Cumberland Is.
Brampton Is.
Scawfell I.
Newry I.
Prudhoe I.
Northumberland Islands
Percy Isles
Duke Islands
Swain Reefs
Saumarez Reef
Bowen
Proserpine
Airlie Beach
Shute Harbour
Mackay
Sarina
Sarina Beach
Ayr
Home Hill
Giru
Woodstock
Clare
Gumlu
Guthalungra
Millaroo
Mt.Abbot
Ravenswood
Dalbeg
Binbee
Strathmore
Collinsville
Bloomsbury
Harvest Home
Campaspe
Dandenong Park
Hidden Valley
Mount Coolon
Glenden
Eungella
Mirani
Marian
Walkerston
Mount Douglas
Disney
Moray Downs
Avon Downs
Wyena
Moranbah
Coppabella
Nebo
Riverside
Goonyella Mine
Mt.Scott
Ilbilbie
Carmila
Clairview
St. Lawrence
Collaroy
The Alps
Peak Downs Mine
Cumberland Downs
Dysart
Batheaston
May Downs
Middlemount
Clermont
Capella
Gilberts Dome
German Creek
Oaky Creek
Tieri
Fairhill
Junee
Mt.Gardiner
Marlborough
Ogmore
Leura
Rockhampton
Yeppoon
Byfield
Emu Park
Great Keppel I.
Cammoo Caves
The Caves
Yaamba
Stanwell
Mount Morgan
Westwood
Duaringa
Dingo
Bluff
Blackwater
Comet Downs
Emerald
Rubyvale
Anakie
Gemstone Deposit (Sapphire Zircon)
Bogantungan
Mt.Tabletop
Alpha
Capricorn Hwy
Telarah
Laglan
Albro
Epping Forest
Frankfield
Monteagle
Blair Athol
Gladstone
Tannum Sands
Calliope
Mount Larcom
Port Alma
Curtis I.
North West I.
C.Capricorn
Heron I.
Capricorn Group
Capricorn Section
Bunker Group
Lady Elliot I.
Tryon I.
Agnes Waters
Miriam Vale
Rannes
Gogango
Bajool
Mt.Alma
Biloela
Banana
Moura
Theodore
Specimen Hill
Kroombit Tops Nat. P.
Monto
Mulgildie
Cracow
Camboon P.O.
Precipice Nat. P.
Eidsvold
Cynthia
Mundubbera
Gayndah
Biggenden
Childers
Gin Gin
Bundaberg
Bundaberg Rum Distillery
Moore Park
Watalgan
Elliott Heads
Woodgate
Burrum Heads
Hervey Bay
Torbanlea
Maryborough
Fraser I.
Sandy Cape
Rooney Pt.
Waddy Pt.
Great Sandy National Park
Inskip Point
Rainbow Beach
Double Island Pt.
Cooloola section
Tewantin
Noosa Heads
Cooroy
Gympie
Nambour
Maroochydore-Mooloolaba
Caloundra
Bribie I.
C. Moreton
Moreton I.
BRISBANE
North Stradbroke I.
South Stradbroke I.
GOLD COAST
Southport
Surfers Paradise
Currumbin
Coolangatta
Tweed Heads
Murwillumbah
Brunswick Heads
Beenleigh
Ipswich
Beaudesert
Mudgeeraba
Boonah
Gatton
Esk
Kilcoy
Toowoomba
Oakey
Pittsworth
Millmerran
Leyburn
Karara
Warwick
Inglewood
Goondiwindi
Boggabilla
Talwood
Bungunya
Nindigully
St. George
Dirranbandi
Bollon
Murra Murra
Wombil Downs
Boolba
Westmar
Moonie
Cecil Plains
Dalby
Bowenville
Jandowae
Kingaroy
Kumbia
Nanango
Murgon
Durong South
Brovinia
Chinchilla
Miles
Condamine
Tara
The Gums
Glenmorgan
Surat
Billenbach
Ballaroo
Riverslea Oil Field
Thomby Creek Oil Field
Alton Oil Field
Beldene Gas Field
Roma
Wallumbilla
Yuleba
Jackson
Romaville Winery
Muckadilla
Mitchell
Mungallala
Morven
Charleville
Westgate
Mangalore
Augathella
Boatman
Cytherea
Albany Downs
Abbieglassie
Thrushton Nat. P.
Tambo
Handsworth
Lorne
Merivale
Tooloombilla
Injune
Taroom
Wandoan
Canal P.O.
Auburn
Coorada
Mt. Nicholson
Rolleston
Springsure
Nandowrie P.O.
Mantuan Downs P.O.
Carnarvon
Carnarvon Nat. P.
Carnarvon Gorge Section
Consuelo Peak
Salvator Rosa Section
Ka Ka Mundi Section
Mt. Moffat Section
Hist. Site (Aboriginal Rock Art)
Isla Gorge Nat. P.
Expedition Nat. P.
Woorabinda (Aboriginal Community)
Bauhinia Downs
Laleham
Blackdown Tableland Nat. P.
Durrandella
Great Dividing Range
Darling Downs
Leichhardt Range
Denham Range
Broadsound Range
Connors Ra.
Drummond Range
Expedition Range
Dawson Rd.
Carnarvon Ra.
Chesterton Ra.
Herries Ra.
Warrego Hwy.
Bruce Hwy.
Dawson Hwy.
Burnett Hwy.
Leichhardt Hwy.
Moonie Hwy.
Gregory Devel.R.
Ballone Hwy.

Traumhafte Inselwelt

Ein mehr als 2000 Kilometer langes Riff, auf dem sich Trauminseln mit ihren weißen Sandstränden wie Perlen reihen, uralte Regenwälder auf zerfurchten Bergen, Strände mit beliebten Tauchspots und die lässig-charmante Hauptstadt Brisbane: An dieser Küste macht ein ganzer Kontinent Urlaub.

1 Brisbane

Die Hauptstadt von Queensland (2,3 Mio. Einw. im Großraum) boomt. Selbst im Winter genügt ein dünner Pulli – und im Sommer lockt der Badespaß in der City.

SEHENSWERT

Für den ersten Überblick steigen Sie am King George Square den 85 m hohen Uhrturm der 1920 erbauten **City Hall** hoch. Zwischen den Bürotürmen aus Stahl und Glas haben einige historische Bauten die Abrisswut überlebt. Dazu gehören das **General Post Office** von 1871, die **St. Stephens Cathedral** von 1874 und die 1850 erbaute **St Stephens Chapel,** der älteste Sakralbau des Sunshine State. Im **Parliament von Queensland** (2 George Street, www.parliament.qld.gov.au, Eintritt frei), 1868 von Charles Tiffin am Ufer errichtet, kann man an Sitzungstagen die Arbeit der Parlamentarier beobachten. Grüne Oase der Innenstadt ist der **Botanische Garten** gleich daneben mit Bambushain und Banyanbäumen. Der Park endet am **Brisbane River,** wo Spazierwege dem Fluss folgen. Ans Südufer führt die von Cox Rayner gestaltete **Goodwill Bridge** – auf der Brücke brüht ein mobiles Café Tee und Kaffee auf. Am Südufer erstrecken sich auf 42 ha die **South Bank Parklands** mit kostenloser Badelagune und Grillplätzen am Fluss. Eingebettet in das einstige Expo-Gelände von 1988 ist das **Queensland Cultural Centre** mit Oper, Theater, Kino, Bibliotheken, Restaurants und Bars. Davor dreht sich die 60 m hohe **Wheel of Brisbane** (The Parklands, South Bank, www.thewheelofbrisbane.com.au, tgl. 10.00–22.00, Fr., Sa. bis 23.00 Uhr, Erw. 19 AUD). Stadtviertel für Entdecker sind u. a. das Boheme-Viertel **West End** sowie nördlich des Zentrums **Fortitude Valley** mit seiner Chinatown und **Newstead.** Hier ließ der Schotte Patrick Leslie 1846 **Newstead House** (Newstead Park, http://newsteadhouse.com.au, Fr., So., 9.00–17.00, Sa. 9.00–13.00 Uhr, Erw. 9 AUD) als viktorianisches Juwel erbauen.

MUSEEN

Den Aufstieg von Brisbane dokumentiert das **Museum of Brisbane** im Rathaus (City Hall, www.museumofbrisbane.com.au, tgl. 10.00 bis 17.00 Uhr, Eintritt frei), die Geschichte der einstigen Strafkolonie der **Old Commissariat Store** (115 William Street, www.commissariatstore.org.au, Di.–Fr. 10.00–16.00 Uhr, Erw. 7 AUD). Einblicke in die Geschichte von Queensland, seiner Geografie, Geologie, Flora und Fauna gewährt das **Museum of Queensland** am Südufer (Sciencentre, Grey St., www.qm.qld.gov.au, tgl. 9.30–17.00 Uhr, Erw. 14,50 AUD). Wenige Schritte weiter präsentiert die **Gallery of Modern Art** australische Gegenwartskunst und Arbeiten der Aborigines. Die benachbarte **Queensland Art Gallery** birgt Gemälde australischer und Werke internationaler Künstler (beide: Stanley Place, Cultural Precinct, www.qagoma.qld.gov.au, tgl. 10.00 bis 17.00 Uhr, Eintritt frei). Die Fregatte H.M.A.S. Diamantina gehört zu den Highlights des **Queensland Maritime Museum** (412 Stanley Street, http://maritimemuseum.com.au, tgl. 9.30–16.30 Uhr, Erw. 16 AUD).

ERLEBEN

Aussicht mit Adrenalinkicks bieten der **Story Bridge Adventure Climb & Abseil** (170 Main St, www.sbac.net.au, Erw. Climb ab 119 AUD,

Tipp

Public Art Trails

Zu den wichtigsten Kunsteinrichtungen, Architekturikonen und Denkmälern führen vier kostenlose Public Art Trails. Der **River Trail** reiht die Kunstwerke am Brisbane River auf. Auf dem **Contemporary Art and Architecture Trail** dreht sich alles um zeitgenössische Kunst und Architektur. Der **Cultural Heritage Trail** stellt das historische Erbe in den Vordergrund. Der **World Expo '88 Trail** führt zu 13 Kunstwerken der Weltausstellung von 1988.

www.brisbane.qld.gov.au, Link „Facilities/Walking"

All das ist Teil von Brisbane: die autofreie Kurilpa Bridge (rechts oben), der Night Club Treasury und die Mittagspause in den South Banks.

Abseil 139 AUD, max. 115 kg!). Koalas knuddeln kann man im **Lone Pine Koala Sanctuary** TOPZIEL, dem weltältesten und größten Schutzgebiet für die bedrohten Beutelbären (ca. 13 km südl. des Zentrums, 708 Jesmond Road, Fig Tree Pocket, www.koala.net, tgl. 9.00 bis 17.00 Uhr, Erw. 36 AUD; Anreise-Tipp: River Cruise von MV Mirimar, www.mirimar.com).

INFORMATION
Brisbane Visitor Information and Booking Centre, 167 Queen Street Mall, Queen Street Brisbane QLD 4000, Tel. 07 30 06 62 90 www.visitbrisbane.com.au

2 Gold Coast

Having fun, Spaß haben, rund um die Uhr ist das Motto der Gold Coast (546 000 Einw.) südlich von Brisbane.

SEHENSWERT
230 m hoch ist die **Skypoint-Aussichtsplattform** des **Q1** in **Surfers Paradise** (9 Hamilton Ave, www.skypoint.com.au, tgl. ab 7.30 Uhr).

ERLEBEN
Traumhafte **Surfspots** sind Snapper Rocks, Nobby Beach, The Spit und Mermaid Beach; Burleigh, Kirra Beach und Tallebudgera beliebte Badeplätze. Jetski-Stunts gehören zum

Tipp

Australia Zoo

Der Tierpark des verstorbenen „Crocodile Hunter" Steve Irwin lockt neben Gehegen mit australischer Fauna und Showprogrammen mit *animal encounters* – füttern Sie Kängurus, nehmen Sie Koalas auf den Arm oder legen Sie sich eine schwere Python um den Hals. Teuer? Die Einnahmen des Zoos nahe Caloundra finanzieren Aufzuchtprogramme und Schutzgebiete für bedrohte Tierarten.

1638 Steve Irwin Way, Beerwah, www.australiazoo.com.au, tgl. 9.00–17.00 Uhr, Erw. 59 AUD, Animal Encounters Erw. 30–500 AUD

Programm von **Sea World** (http://seaworld.com.au). Nassen Spaß verspricht **Wet'n'Wild** (20 km nördl., http://wetnwild.com.au) mit Wellenbad. Das **Australian Outback Spectacular** (http://outbackspectacular.com.au) daneben inszeniert das Leben im Outback als Dinnershow. Tagsüber lebt das „real Aussie farmlife" mit Schafschur und Stock-Horse-Rennen im **Paradise Country** rd. 2,5 km weiter (www.paradisecountry.com.au). Rd. 20 km südl. taucht man im **Currumbin Sanctuary** (www.cws.org.au) ein in Australiens Tierwelt.

Die Welt ringsum vergessen: beim Sonnenbad am Whitehaven Beach mit Champagner oder in Townsville Aquarium Reef HQ

UMGEBUNG
Knapp 60 km trennen die Küste von der urzeitlichen Natur des 206 km² großen **Lamington National Park** (www.nprsr.qld.gov.au/parks/lamington) mit bis zu 1000 m hohen Bergen. Aktiv erleben lässt er sich beim Wandern, bes. auf dem 294 km langen **Gold Coast Hinterland Great Walk** (www.nprsr.qld.gov.au). Mit Wasserfällen und Traumblicken auf die Gold Coast lockt Queenslands ältester Nationalpark, der **Tamborine Mountain** (60 km nördl. davon, www.tamborinemtncc.org.au), der sich auf einem Bergplateau (bis zu 525 m) erstreckt.

INFORMATION
Gold Coast Visitor Information Centre, 2 Cavill Avenue, Surfers Paradise QLD 4217, Tel. 01300 30 94 40, www.visitgoldcoast.com

3 – 6 Sunshine Coast

Zwischen Caloundra und Gympie nördlich von Brisbane zieht sich über 60 km die dicht besiedelte **Sunshine Coast** (290 000 Einw.).

SEHENSWERT
Stilvoll und schick ist 3 **Noosa** mit der Flaniermeile Hastings Street. **Noosa Heads** besitzt die landesweit höchste Dichte an Toprestaurants. Ihre Zutaten erstehen die Küchenchefs beim **Noosa Farmers Market** (155 Weyba Rd, Noosaville, www.noosafarmersmarket.com.au, So. ab 6 Uhr). Überschüssige Kalorien verbrennt man beim Paddeln im **Noosa National Park** (www.nprsr.qld.gov.au). Im Hinterland ragen die 4 **Glass House Mountains** auf, felsige Schlote einstiger Vulkane (beide: www.nprsr.qld.gov.au). Dünen, karibisch anmutende Seen, Endlosstrände und Regenwald auf Sand: 5 **Fraser Island** TOPZIEL ist das bekannteste Naturwunder des 2210 km² großen Great Sandy National Parks (www.visitfrasercoast.com, s. Unsere Favoriten S. 114). Von 6 **Bundaberg,** berühmt für seinen Rum, setzt man zum Great Barrier Reef über.

INFORMATION
Sunshine Coast Destination Ltd., Tel. 1300 84 74 81, www.visitsunshinecoast.com sowie: Noosa Marina Visitor Information Service, 2 Parkyn Court, Noosa Marina, Tewantin QLD 4565, Tel. 07 54 30 50 00, www.visitnoosa.com.au

7 Whitsunday Coast & Island

In Proserpine biegt vom Pacific Highway eine Stichstraße zur **Whitsunday Coast** TOPZIEL ab – Sprungbretter zum Whitsunday-Archipel sind Airlie Beach und Shute Harbour, auch als Backpacker-Hotspots bekannt.

SEHENSWERT
Von den 74 Inseln, allesamt versunkene Berge im Herzen des Great Barrier Reef, sind nur 17 bewohnt – auf sieben haben Hotelkonzerne Resorts errichtet (s. Unsere Favoriten S. 114): Daydream Island, Hamilton Island, Hayman Island, Hook Island, Lindeman Island, Long Island, South Molle Island. Wahrzeichen der Inselgruppe ist **Whitehaven Beach.**

ERLEBEN
Zu den schönsten **Tauchspots** gehört vor Hook Island die 25 m tiefe Manta Ray Bay mit Korallenschluchten und Grotten – von Mai bis Sept. tanzen dort riesige Rochen im Meer (www.whitsundaydivecentre.com.au). Von Juni bis Sept. kalben die Wale in den Whitsundays – dann starten **Whale-Watching-Touren** von Airlie Beach und den Inseln (www.oceandynamics.com.au, Erw. ab 150 AUD). Den Spuren der Aborigines kann man per pedes und Paddelboot auf dem **Ngaro Sea Trail** (www.nprsr.qld.gov.au/parks/whitsunday-ngaro-sea-trail) folgen. South Molle Island östl. von Airlie Beach überzieht ein 14 km langes Netz mit **Mountainbike Trails** (https://whitsundaymtbc.com.au). Schier unendlich ist das Angebot, mit **Motor- oder Segeljachten** das Inselreich zu entdecken (www.cruisewhitsundays.com, https://sailing-whitsundays.com, www.explorewhitsundays.com). Freizeitskipper, die auf eigene Faust schippern wollen, brauchen dazu auf den Whitsundays keinen (!) Bootsfüh-

Tipp

Eine Nacht auf dem Riff

In den Whitsundays lädt ein Ponton am Heart Reef zum Reefsleep, der Nacht auf dem Meer in zwei Zimmern oder zwölf Swags – Schlafsäcken mit Matratzen und wetterfester Gummihülle. Zur Plattform im Meer geht's ab Shute Harbour/Airlie Beach und Hamilton Island.

Tel. 07 48 46 70 00,
www.cruisewhitsundays.com,
inkl. Transfer & Tagesprogramm ab 440 AUD

rerschein. Kabinenkreuzer und Segeljachten verleihen u. a. Whitsunday Escape (www.whitsundayescape.com) und Queensland Yacht Charters (www.yachtcharters.com.au).

ÜBERNACHTEN
Aus den Meerblick-Zimmern des €€/€€€ **Coral Sea Resort** (25 Ocean View Avenue, Airlie Beach, www.coralsearesort.com) blickt man auf die Whitsundays. Unterkünfte für jeden Anspruch und Geldbeutel bietet €–€€€ **Hamilton Island** (www.hamiltonisland.com.au).

INFORMATION
Whitsunday Regional Information Centre, 192 Main Street, Proserpine QLD 4800, Tel. 07 49 45 39 67, www.tourismwhitsundays.com.au

8 Townsville

2017 feiert Nordqueenslands Hauptstadt (176 000 Einw.) 150-jähriges Bestehen. Einen Katzensprung entfernt: das Great Barrier Reef!

SEHENSWERT
The Strand ist als schönster Küstenpark Australiens ausgezeichnet. Zwischen **Breakwater Marina** und dem Felskap zur **Rose Bay** lockt eine 2,2 km lange Promenade mit Aussichtsplattform auf die Küste und Magnetic Island.

MUSEEN
Olympiamaße hat allein das Korallenbecken des weltgrößten Aquariums **Reef HQ** (2–68 Flinders Street, www.reefhq.com.au, tgl. 9.30 bis 17.00 Uhr, Erw. 28 AUD). Nebenan schmückt der Bug der HMS Pandora das **Museum of Tropical Queensland** (70–102 Flinders Street, www.mtq.qm.qld.gov.au, tgl. 9.30–17.00 Uhr, Erw. 15 AUD). Vom 285 m hohen **Castle Hill** ist der Rundblick fantastisch!

INFORMATION
280 Flinders Street, Townsville QLD 4810, Tel. 07 47 21 36 60, www.townsvillenorthqueensland.com.au

Genießen Erleben Erfahren

DuMont Aktiv

Aug' in Aug' mit dem Wal

Das Küstenstädtchen Hervey Bay in Queensland nennt sich stolz „Whale Watching Capital of the World". Und das nicht ohne Grund: Von Juli bis Oktober machen die majestätischen Buckelwale auf ihrem Weg in die Antarktis in der idyllischen Bucht mit 14 km langem Sandstrand Station und zeigen ihr eindrucksvolles Imponiergehabe.

Bis zu 12 Meter lange 50-Tonner springen aus dem Wasser und lassen sich krachend auf die Wasseroberfläche fallen. Dabei ragt ihre mächtige Schwanzflosse aus den Fluten – ein Schauspiel, hautnah zu erleben bei Whale Watching Cruises. Was bei den Walbeobachtungstörns nur selten erzählt wird: 6267 Buckelwale waren von 1952 bis 1962 in den dortigen Gewässern gefangen und geschlachtet worden. Heute ist der Schutz der bedrohten Tiere oberstes Anliegen, rasten die Giganten der Meere doch mit ihrem Nachwuchs in der Bucht.

Die Wale ziehen in New South Wales rund drei Kilometer vor der Küste entlang, 3000 allein bei Port Stephens. Gut beobachten lassen sich die riesigen Säuger auch in der Jervis Bay, wo Touren an der Huskisson Jetty starten. Wem Buckelwale zu groß sind, der sollte nach Port Douglas ins tropische Nordqueensland fahren – dort kann man mit Zwergwalen tauchen.

Weitere Informationen

Hervey Bay Whale Watch, Urangan,
www.herveybaywhalewatch.com.au

Imagine Cruises Port Stephens
Nelson Bay, http://imaginecruises.com.au

Dolphin Watch Cruise, Huskisson,
www.jervisbaywhales.com.au

The Silversonic Dive, Port Douglas,
www.silverseries.com.au/swim-minke.htm

Von Juli bis Oktober kann man den Buckelwalen in Hervey Bay ganz nahe kommen, am besten von einem der Whale-Whatching-Boote aus.

Regenwald und Riff

Das Great Barrier Reef vor der Haustür, urzeitlicher Welterbe-Regenwald im Hinterland, garniert mit Shopping satt, Südseeklima und bestes Nachtleben: Dieser Mix macht Cairns zur touristischen Boomtown im tropischen Norden von Queensland. Das Erbe der Aborigines ist auf der Cape-York-Halbinsel lebendig.

Nichts tun, nur in der Hängematte seinen Gedanken nachhängen – so verbringt man am besten den Tag am Palmenstrand von Palm Cove.

Cairns hat sich vom verträumten Tropenstädtchen zur Tourismusdrehscheibe Nordqueenslands entwickelt, bietet Kulturelles wie die Regional Gallery und diverse Cafés.

Der Anbau von Zuckerrohr auf den Plantagen im Umland von Cairns sorgt seit 150 Jahren für Wohlstand in der Region. In Tully findet die Produktion auch künstlerischen Ausdruck.

In der Marlin Marina von Cairns, Ausgangspunkt für Fahrten zum Great Barrier Reef, dümpeln auch Jachten und ein Restaurantschiff.

Kaffeeröstungen mit klangvollen Namen wie Mozart's verlocken auf Rusty's Market in Cairns ebenso zum Genuss ...

... wie die üppigen Früchte in breitester Farbpalette.

Special

Kunstmesse in Cairns

Indigene Kunst

Das Kunstschaffen außerhalb Europas und Nordamerikas rückt allgemein stärker in den Blickpunkt. Einblicke in die Kunstszene indigener Künstler gewährt die Cairns Indigenous Art Fair.

Albert Namatjira (1902–1959) war der erste indigene Künstler, dem der Durchbruch gelang. Für seine Aquarelle im europäischen Stil wurde Namatjira von Königin Elizabeth II. geehrt und empfangen – und blieb dennoch ein rechtloser Ureinwohner, der vom Erlös seiner Bilder kein Land kaufen konnte. Heute sind indigene Maler wie Judy Watson Napangardi (um 1925–2016) Stars auf dem internationalen Kunstmarkt, und Arbeiten von Aborigines-Künstlern hängen in den Museen der Welt. 2009 gegründet, hat sich die Kunstschau im Kreuzfahrtterminal von Cairns zu einer Leitmesse für indigene Kunst entwickelt. Vertraute Namen wie Vernon Ah Kee, Richard Bell, Tony Albert, Joanne Currie Nalingu, Arone Meeks, Gordon Hookey, Ricardo Idagi, George Nona und Sally Gabori sind dort ebenso vertreten wie weniger bekannte Talente aus Queensland und von den Torres-Strait-Inseln. Neben Kunst von heute gehören Tanz und Musik zur CIAF – oft unter freiem Himmel auf der Open-Air-Bühne am Terminal (http://ciaf.com.au, alljährlich Ende Juli/Anfang August, Eintritt frei).

Malerei live auf Cairns Kunsthandwerkermarkt

Der Ruf des Goldes lockte vor 150 Jahren Abenteurer und Lebenskünstler nach Cairns, das als Verladehafen für Rohstoffe begann – der Stadtlegende nach mit einem geöffneten Koffer für die eingegangene Korrespondenz und einer Zeltstange mit der Aufschrift „Post Office“.

Offiziell gegründet wurde Cairns 1878 (andere Quellen sagen 1876) vom damaligen Gouverneur von Queensland, William Wellington Cairns, der Namensgeber der kleinen Holzhüttensiedlung wurde. Sie hat seitdem eine rasante Entwicklung hingelegt – und ist die Boomtown des Tropical Far North von Queensland. Vor allem der Tourismus pulsiert hier heute rund um die Uhr. Hier legen die Schiffe zu Tauch-, Ausflugs- und Segeltouren am Great Barrier Reef ab, rattern Nostalgiezüge nach Kuranda durch den Regenwald der Atherton Tablelands und starten die Allradtouren zur Nordspitze Queenslands am Cape York.

Promenadenglück

Ein Ring aus Motels, Campingplätzen und Ferienanlagen umgibt die Stadt. Dicht an dicht säumen Hotelkomplexe die Uferpromenade The Esplanade, die bei Ebbe den Blick auf das Watt freigibt, in dem Mini-Mangroven wachsen – die letzten Überreste eines großen

Mangrovenwaldes, auf dem Cairns erbaut wurde. Da Cairns keinen natürlichen Strandzugang besitzt, wurde im Zuge der Sanierung der Strandpromenade 2003 eine 4800 Quadratmeter große Salzwasser-Lagune angelegt – ein Wasserpark mit Fontänen und kleinem Sandstrand, umgeben von einer ausgedehnten Grünfläche zum Sonnen, Chillen und Grillen. Die Nutzung der BBQ-Grills ist kostenlos!

Abtrainiert werden überflüssige Kalorien auf dem Esplanade Walking Trail. Jeden Sonnabend verwandelt sich die Promenade an der Lagune in einen Markt, auf dem Kunsthandwerker und Hobbykünstler ihre Werke anbieten: Batik- und Seidentücher, Schalen und Besteck aus Eukalyptus, Silberschmuck und *beads*, bunte Perlen, die mit Bändern ins Haar geflochten werden.

Fremde Früchte

Exotischer wird es in der Halle des Rusty's Bazaar Market, wo sich zwischen Blattsalaten, Kürbissen und Melonen auch tropische Exoten aus dem Umland verstecken: Grenadilla (dt. auch: Granadilla), eine 20 Zentimeter lange Passionsfrucht in XXL mit butterweichem, weiß-grünem Fruchtfleisch und Kernen, die ungemein *crunchy* sind. Die runden bis ovalen Abiu-Früchte verbergen ihr

Verletzte Wildtiere aufzupäppeln ist hier selbstverständlich.

cremefarbenes Fruchtfleisch hinter einer glattgelben, leicht ledrigen Schale. Wer sie auslöffeln möchte, sollte sich erst die Lippen einfetten – so bleibt der klebrige Milchsaft nicht an ihnen hängen. Ebenfalls aus Südamerika kam die Rollinia (dt. Brasilianischer Breiapfel) mit ihrer stacheligen gelben Haut und den schwarzen Kernen im weißen, süßen Fruchtfleisch nach Australien. Daneben liegt

Australien ohne Kängurus? Undenkbar! In geschützten Parks (oben) lassen sie sich streicheln. Erheblich kleiner als ihre Artgenossen und um die vier Kilogramm schwer, hüpfen die Felskängurus in der Granite Gorge (unten) aus Felsnischen in die Sonne, um sich von Besuchern der Schlucht füttern zu lassen.

Die Helmkasuare in Queensland gaben dem Küstenabschnitt seinen Namen: Cassowary Coast.

Der Mount Alexandra Lookout bietet eine wunderbare Sicht auf die Flora des Daintree National Park und den Daintree River.

Die Mäander des Daintree River nahe der Mündung im Daintree National Park aus der Vogelperspektive

Links: Der Bananenanbau zieht sich an Australiens Ostküste entlang. Plantagen gibt es auch bei Mission Beach. Dort verleiht Simon Boote an Touristen, die nach Dunk Island und Bedarra Island hinüberschippern möchten.

Die katholische Kirche in Innisfail ist ein filigraner Musterbau des australischen Art déco.

Das Gerichtsgebäude in Innisfail greift mit der Vorhalle, den Rustikaquadern und ionischen Kapitellen Elemente der antiken Baukunst auf.

„Doch die Menschheit wird wohl immer Heimweh nach der Zeit haben, in der Landkarten Gemälde waren, (...) auf denen Windrosen auf Meeren blühten, die noch kein Mensch befahren hatte ..."

Cees Nooteboom, Nootebooms Hotel

eine Kakifrucht, im Volksmund *chocolate pudding fruit,* die Black Saporte – ihr Fruchtfleisch ist tiefschwarz und schmeckt nach Schokolade.

Grüne Giganten

Wer von Cairns gen Westen die Berge hinauf in die Atherton Tablelands fährt, entdeckt ein völlig anderes Nordqueensland. Grüne Giganten schmücken das sanft gewellte Hochplateau: jahrhundertealte Kauri-Bäume, stattliche Zedern und Würgefeigen mit meterhohen Vorhängen aus Luftwurzeln und Baumfarne, die ihrem Namen alle Ehre machen. Klare Kraterseen wechseln mit Wasserfällen; überall gurgelt und plätschert es.

In den Mareeba Wetlands, den „Everglades von Queensland", säumen die Safari-Zelte der Jabiru Safari Lodge eine exotische Sumpflandschaft mit rosa blühendem Lotus, durch die majestätisch Brolgakraniche staken. Dann wieder jagen sich schwere Wolken am Himmel, wabert Nebel um die Bergspitzen. Windräder drehen sich; auf steilen Hängen weiden Brahman-Rinder. Statt 35 Grad Celsius zeigt das Thermometer frische elf Grad: Polar Fleece statt Bikini – und das keine Autostunde von der Küste entfernt! 920 Meter hoch liegt Ravenshoe – Rekord im Sunshine State Queensland.

Unbekannte Gefahren

Kurz hinter Mareeba reißt der Himmel wieder auf. Glatt polierte Granitkuppen baden im Licht der letzten Sonne. Zwischen Felsen, die sich im Flussbett türmen, hüpfen die wohl zutraulichsten Minis Australiens: *rock wallabies,* Felskängurus der Gattung Petrogale mareeba, die nur rund um Mareeba heimisch sind.

Auch die 19-jährige Navina Villinger hatte sich für einen Dollar an der Rezeption des privaten Naturparks ein Päckchen mit Futter geholt, fotografiert und völlig vergessen, auf etwaige Gefahren zwischen den Felsen zu achten. Die Backpackerin aus Hamburg, die nach dem Abitur mit Work & Travel vor ein paar Jahren das Land entdecken wollte, stürzte in ein unterirdisches Höhlensystem. Nach einer tagelangen Suchaktion fanden Taucher nur noch ihre Leiche.

Immer wieder kommt es zu Unfällen, weil die Gefahren, die im Gelände lauern, falsch eingeschätzt werden – besonders in Nordqueensland. Zwar stellen Kommunen und Naturschutzbehörden allerorten Warnschilder vor Krokodilen oder gefährlichen *stingers* (Nesselquallen) auf, da die Begegnung mit ihnen durchaus tödlich enden kann. Doch in der Leichtigkeit des tropischen Lebens werden sie, auch von Einheimischen, ignoriert. Mehr als 15 000 Touristen

Auf dem Kuranda Original Rainforest Market finden Touristen vor allem lokaltypische Objekte.

müssen jährlich gerettet werden. Die intensive Urbanisierung der Küsten und wachsende Besiedlung des Hinterlands sorgt zudem für rasant steigende Zahlen bei Wildunfällen. Besonders in der Dämmerung und nachts ist der Wildwechsel hoch, und wer es arrangieren kann, ist daher in Australien nur tagsüber unterwegs. Was die *road trains* – 53 Meter lange Megatrucks mit 800 PS, 18 Achsen, 70 Reifen und 93 000 Liter Treibstoff als Ladung – nachts auf die Hörner genommen haben, säumt am nächsten Morgen als *road kill* den Straßenrand.

Kuranda bedeutet *big business,* der Strom der Touristen reißt nicht ab.

Tier in Not

Verletzte Wildtiere aufzupäppeln ist für Australier selbstverständlich. Viele nehmen sie mit nach Hause und pflegen Wombat, Wallaby & Co. nach eigenen Vorstellungen. Andere rufen Wildlife-Notrufnummern an und übergeben die gefundenen Tiere dann an Tierkliniken.

Eine solche ist auch das Tolga Bat Hospital in den Atherton Tablelands. Die Patienten werden hier hauptsächlich von freiwilligen Helfern aufgepäppelt. 1100 Tiere – von Winzlingen, die maximal 20 Gramm wiegen, bis zu den großen Fledermäusen mit einer Flügelspanne von einem Meter – werden dort in großen Gehegen gehalten und betreut. Mehr als 90 Arten dieser Flattertiere leben auf dem fünften Kontinent! Kopfüber hängen sie am Gitter der Gehege im Tolga Bat Hospital und knabbern an den dort aufgereihten Äpfeln. In Kuranda sind sie in großen Trauben in den Kronen der Bäume zu sehen.

Hippie meets Führungskraft

Berühmter ist Kuranda, das alte Aussteigerdorf der australischen Hippies, jedoch für seine bunten Märkte im Regenwald.

Kuranda bedeutet heute *big business.* Nostalgiebahn sowie Regenwald-Gondeln und Hunderte Busse sorgen dafür, dass der Strom der Tagestouristen auch bei schlechtem Wetter nicht abreißt. Im 40 Hektar großen Rainforestation Nature Park in Kuranda wird der Regenwald zur Kulisse für Hochzeiten, Team-Building und Touristenshows. Erst geht es mit der Army Duck, einem Amphibienfahrzeug aus dem Zweiten Weltkrieg, durch den Welterbe-Regenwald und einen Garten mit tropischen Obstbäumen, dann präsentiert der Wildlife Park Krokodil, Känguru, Koala und andere Tiere.

Der „Dreamtime Walk“, der entlang einer imaginären Regenbogenschlange führt, soll mit Speerwurf, Didgeridoo-Klängen und Bumerang-Lektion das Leben der örtlichen Pamagirri-Aborigines näherbringen, bis die Pamagirri

Bei Kuranda schwebt man mit einer Gondel der Skyrail über dem Regenwald samt Barron River (oben links) oder man reist nostalgisch in der Kuranda Scenic Railway (Mitte links). Ihrem roten Waggon ist hier eine kunterbunte Lok der Queenlands Rail im indigenen Look vorangestellt.

Ein Pärchen der Rainbow Lorikeets zaubert prächtige Farben in den Regenwald.

Das Angebot auf dem Rainforest Market in Kuranda ist groß: Neben den Auslagen von Schmuck und Accessoires wird dem Wunsch nach „beads" und anderem Haarschmuck nachgekommen.

Rechts: In die langen Sandstrände am Cape Tribulation klammern sich Mangroven mit ihren Wurzeln.

Mitte: Palm Cove – hier das karibisch inspirierte Shopping Village – und Port Douglas (unten) sind Luxusferienorte des tropischen Nordens.

Känguru-Muttertier mit „joey", ihrem Nachwuchs

Port Douglas mit seiner Marina setzt auf gehobenen Lifestyle im Stil der Tropen.

Schauen und staunen: Im palmenbestandenen Rex Smeal Park an der Nordspitze von Port Douglas reicht der Blick weit über das Korallenmeer.

Aboriginal Dance Group schließlich auf der Bühne Mythen und Legenden tanzend zum Leben erweckt. 20 Dollar netto gibt's für die Mitwirkenden pro Stunde. „Einen besseren Job findest du hier kaum", sagt ein indigener Tänzer und reißt seine Cola-Dose auf.

Von der Biowaffe zur Landplage

Australien im Jahr 1935: Queenslands Bauern sagen den Horden von Insekten, die über ihre Ernten herfallen, den Kampf an. Besonders der Zuckerrohrkäfer *(Greyback beetle)* und dessen Larven, im Volksmund *cane grub* genannt, sowie der *Frenchi cane beetle* (Lepidiota frenchi) sollten ausgerottet werden. Ihre Waffe: eine Riesenkröte, die *cane toad* oder Bufo marinus. Trotz Warnungen von Zoologen setzte das Australian Bureau of Sugar Experiment Stations 101 der aus Hawaii importierten Aga-Kröten in Gordonvale, rund 20 km südlich von Cairns, aus. Gierig schnappten sie nach allem, was fressbar ist. Appetit auf den Zuckerrohrkäfer indes hatten sie wenig. Dafür vermehrten sie sich rasant. Jährlich rückten sie 30 bis 50 Kilometer ins Landesinnere und gen Norden vor.

So haben sie heute ganz Australien erobert – und bedrohen die Tierwelt des Kakadu-Nationalparks im Northern Territory Australiens ebenso wie die Vororte von Sydney.

Tropenträume

Nördlich von Cairns haben sich in den letzten 50 Jahren einsame Buchten und Verladehäfen ebenfalls in boomende Ferienorte verwandelt. Besonders Palm Beach und Port Douglas sind Synonyme für Luxusferien in Resorts, deren Poolanlagen größer sind als Erlebnisbäder in Europa. Dicht an dicht säumen sie kilometerlange Palmenstrände. Richtig *posh* ist Lizard Island, wo mitten im Nationalpark eine riesige Villa maximal vier Gästen Traumblicke auf das Korallenmeer gewährt. Die Insel erhielt ihren Namen von James Cook, der auf dem Eiland Warane entdeckt hatte – auf Englisch heißen sie *monitor lizards*.

GEFÜHRTE ABORIGINES-TOUREN

Heilige Wasserfälle und bunte Punkte

Mit der Regenbogenschlange begann in Australien das Leben. Auf den Spuren, die sie hinterließ, gewähren indigene Guides heute Einblicke in ihre jahrtausendealte Kultur. Das Schönste: An der Ostküste sind die entsprechenden Angebote der Aborigines so vielfältig wie sonst kaum im Land.

Teil des Überlebenstrainings: Der Guide im Daintree National Park nutzt Pflanzen als Seifenschaum.

Seit 50 000 Jahren leben die Aborigines in Hunderten Völkern und Stämmen mit eigenen Bräuchen, Traditionen und mehr als 700 Dialekten auf dem fünften Kontinent. Ihr spirituelles Zentrum ist der Uluru im roten Outback Zentralaustraliens.

Was den berühmten Fels so heilig macht, verraten die örtlichen Anangu auf geführten Wanderungen. Ihre Bilder setzen sie aus lauter Punkten zusammen – wie das „Dot Painting" gelingt, verraten sie bei Malkursen im Uluru-Kata Tjuta Cultural Centre. Ganz und gar mit geheimnisvollen Mustern und Symbolen, die nur Eingeweihte deuten können, sind auch die Didgeridoos geschmückt. Vorbild der Rhythmen, die Ureinwohner mit dem Instrument erzeugen und die das Tor zu ihrem spirituellen Universum öffnen, ist die Natur. Sie versetzen den Geist in Trance, Gegenwart und Geschichte, Traum und Wirklichkeit verschmelzen – hautnah zu erleben beim „Laura Festival" im tropischen Norden von Queensland auf der Cape York Peninsula.

Im Dickicht der Mangroven

Durch den Süden der Halbinsel zwischen Cairns und Cooktown führt der Bama Way, auf dem drei indigene Veranstalter ihren Lebensraum vorstellen.

Die Heimat von Linc und Brandon Walker vom Stamm der Kuku Yalangi ist das Wurzellabyrinth der Mangroven am Cooya Beach. Mit Eimer, Speer, Eisenhaken und einer Handvoll Gäste gehen die beiden Brüder dort auf Muschelsuche. Und saust ein Fisch im Priel vorbei, wird er genauso schnell aufgespießt wie die Schlammkrabbe, die sich im Schlickloch verstecken will. Zwei Stunden später landet die Ausbeute im Kochtopf – ein Festmahl für alle.

Dass Wasserfälle für die Aborigines heilige Orte sind, erklären die Walker-Schwestern vom Nyunghal Clan bei ihrer Walker Family Tour durch den jahrtausendealten tropischen Regenwald im Herzen des Daintree National Park. Ziel ihrer Wanderung in einem ausgetrockneten Flussbett ist Wujal Wujal, wie die Aborigines den beeindruckenden Bloomfield-Wasser-

Mit einer raffinierten Blastechnik locken die Aborigines die erstaunlichsten Töne aus dem Holzstamm des bemalten Didgeridoos.

Der Stammesälteste selbst vermittelt die Bedeutung der Malereien bei Cooktown. Bei der Tour lernt man auch Essbares, wie die eiweißreichen Whitchetty-Larven, von nicht Essbarem zu unterscheiden.

fall nennen – 40 Meter tief stürzt er sich als breites, schillerndes Band über den schwarzen Fels zu Tal.

Orte voller Spiritualität

Willie Gordon, einer der Stammesältesten der Nugal Warra, führt von Cooktown aus zu sechs Stätten, die von der Regenbogenschlange gesegnet und voller Spiritualität sind: versteckte Höhlen, übersät mit Malereien – die Open-Air-Galerie seines Stammes. Das Gros der Motive zeigt die australische Tierwelt mit Emu und Känguru, andere verweisen auf Dreamtime-Geister wie die Regenbogenschlange. Auch „Yirmbal" genannt, bewacht das mythische Wesen während der Trockenzeit die wenigen verbliebenen Wasserlöcher – und damit die Quellen des Lebens.

Reize für die Sinne

In den Blue Mountains nimmt Evan Yanna Muru vom Volk der Darug täglich eine kleine Wandergruppe einen Tag lang mit auf ein Walkabout. Acht Stunden lang zieht er mit ihr querfeldein durch die wilde Bergwelt im Westen von Sydney, bergauf, bergab, durch Dickicht und Gestrüpp.

Er lässt seine Gäste Bäume streicheln, um die eigene Energie zu spüren, Beeren und Blätter essen und fordert sie auf, Eukalyptusblätter in die Nasenlöcher zu stecken: „Seht ihr, wie sie eure Nase frei machen? Schärft eure Sinne", legt er ihnen nahe, „riecht, hört, schmeckt, tastet und seht." Erst zögerlich, dann immer begeisterter lassen sich die Gäste in die fremde Gedanken- und Lebenswelt entführen, die sie mit jedem Kilometer mehr gefangen nimmt. „Leert euren Kopf", sagt Evan. „Wer denkt, kann nicht beobachten oder sich selbst wahrnehmen. Konzentrieren wir uns auf das, was wir jetzt gerade machen." Eine Botschaft, die im Anschluss an die Wanderung noch lange nachhallt.

Fakten & Informationen

Anbieter

Maruku Arts Dot Painting Workshop, Uluru-Kata Tjuta National Park, Yulara NT, www.aboriginalaustralia.com.au/northern-territory/dot-painting-workshop-at-uluru-2, ab 69 AUD

Kuku Yalanji Habitat Tours, Cooya Beach, http://bamaway.com.au/kuku-yalanji-cultural-habitat-tours, Erw. 75 AUD

Walker Family Tour, Frances Walker, Wujal Wujal, http://bamaway.com.au/walker-family-tours, p. P. 25 AUD

Guurrbi Tours, Wilfred „Willie" Gordon, Cooktown, http://guurrbitours.com, Erw. 135 AUD

Aboriginal Blue Mountains Walkabout, Springwood www.bluemountainswalkabout.com, Erw. 95 AUD

Das blitzschnelle Fischen mit dem Speer wird von Brandon Walker auf seiner Tour bei Cooya Beach demonstriert.

Maßstab 1:4.000.000
0
80 km
Gulf of
Carpentaia
Great Barrier Reef
Marine Park
Far Northern
Section
Cairns
Section
of Queensland
Wet Tropics
Cape
York
Peninsula
Badu I.
(Abor. Land)
Moa I.
(Abor. Land)
Sassie I.
Warral I.
Wednesday I.
Ulul I.
Hammond I.
Horn I.
Thursday Island
Prince of Wales I.
C. York (Northernmost Point of mainland Australia)
Somerset
Somerset Aboriginal Land
Endeavour Str.
Slade Pt.
Injinoo
Bamaga
Turtle Head I.
Ashmore Reef
Eastern Fields
Jardine Riv.
Jardine River Nat. P.
Aboriginal Reserve
Heathlands Resource Reserve
Port Musgrave
Shelburne Bay
C. Grenville
Mapoon
Bramwell
Temple Bay
Bertiehaugh
Moreton P.O.
Fair C.
Kennedy Hill
Weymouth Bay
C. Weymouth
Duifken Point
Andoom
Batavia Downs
Mt. Tozer
Kutini-Payamu Nat. P.
Lloyd Bay
Weipa
Weipa South
Albatross Bay
213
Lockhart River
C. Direction
Mt. Carter
Lockhart River Aboriginal Land
Thud Point
Merluna
Wenlock
Archer Bay
Aurukun
Watson Riv.
268
C. Sidmouth
Cone Peak
Oyala
Thumptang
Rokeby
Merapah
Aboriginal Land Lease
Archer Riv.
KULLA (McIlwraith Range)
McIlwraith Ra.
Nat. P.
Coen
Nat. Park
Silver Plains
C. Keer-weer
Aurukun
Kendall Riv.
Holroyd Riv.
Princess Charlotte Bay
Flinders Group
Pipon I.
C. Melville
Cape Melville Nat. P.
Howick Group
C. Bowen
Lama Lama Nat. P.
Ebagoola
Mt. Ryan
Strathburn
Marina Plains
Pormpuraaw
Strathgordon
Musgrave
Edward River
Aboriginal
Coleman Riv.
Land
Edward River
Lizard I.
Lookout Pt.
Breeza Plains O.S.
Lakefield
Rinyirru
Jack River Nat. P.
Starcke
C. Flattery
Hope Vale Aboriginal Land
Aborig. Rock Art
Battle Camp
C. Bedford
Hope Vale
James Cook Monument
Cooktown
Osprey Reef
Bougainville Reef
New Dixie
Kalinga
Peninsula Devel. Road
Alwal Nat. P.
Oroners O. S.
Kowanyama
Errk Oykangand Nat. P.
Fairview
Laura
Aboriginal Rock Art
Normanby Riv.
Kennedy Riv.
Hann Riv.
Alice Riv.
Kimba
Rutland Plains
Nassau Riv.
Mitchell Riv.
Koolatah
King Junction
Palmer Riv.
Strathleven
Palmerville P.O.
Maytown
Rossville
Mt. Finnigan
Cedar Bay Nat. P.
Bloomfield River
Lakeland Downs
Dunbar
Drumduff
Daintree Nat. P.
Alexandra Bay
Daintree
Inkerman
Galbraith
Staaten Riv.
Macaroni
Highbury
Staaten River Nat. P.
Mount Mulgrave
Woods Peak
Bellevue
Mossman
Port Douglas
Wrotham Park
Mt. Lewis Nat. P.
Kuranda Nat. P.
Palm Cove
(Marlin Coast)
Yorkeys Knob
Mount Molloy
Hann Tableland Nat. P.
Kuranda
Green I.
Fitzroy I.
Cairns
Scenic Railway
Biboohra
Mount Mulligan
Mareeba
Gordonvale
Bulimba
Delta Downs
Point Austin
Vanrook
Gilbert Riv.
Wyaaba Cr.
Blackdown
Chillagoe
Dimbulah
Chillagoe-Mungana Caves N.P.
Red Riv.
Stirling
Miranda Downs
Tate Riv.
Almaden
Atherton
Herberton
Malanda
Millaa Millaa
Bellenden Ker
Babinda
Eubenangee Swamp Nat. P.
Innisfail
("Sugar Town")
Johnstone South
Torwood
Bulleringa Nat. P.
Abingdon Downs
Karumba
Maggieville
Normanton
Minnies O.S.
Ravenshoe
Mount Garnet
Koombooloomba
Silkwood
El Arish
Mission Beach
Dunk I.
Bedarra I.
Mangowra
Glenore
Gulflander (Hist. Railway)
Blackbull
Strathmore
Einasleigh Riv.
Barwidgi
Gunnawarra
Tully
Edmund Kennedy Section
Rockingham Bay
Inverleigh
East Haydon
Dagworth
Huonfels
Gilbert River
Talaroo
Kirrama Nat. P.
Girramay Nat. P.
Kennedy
Cardwell
C. Sandwich
Goold I.
Hinchinbrook I.
Hinchinbrook I. Nat. P.
Croydon
Gulf Devel Road
Milgarra
Belmore Cr.
Georgetown
Forest Home
Mount Surprise
Undara Volcanic Nat. P.
Meadowbank
Herbert River Falls
Girringun
Cardwell Ra.
Abergowrie
Ingham
Halifax
Palm Is.
Great Palm I.
Burke Devel Road
Warren Vale
Old Coralie (Ruins)
Forsayth
Einasleigh
Kinrara
Oak Hills
Yappar Riv.
Claraville
Mittagong
Gregory Range
Malacura
Gilbert Riv.
Spring Creek
Conjuboy
The Lynd Junction
Camel Creek
Toobanna
Bambaroo
Halifax Bay
Cowan Downs
Esmeralda
Glenora
South Head
Bairds Table Mtn.
Kidston
Hidden Valley
Mutarnee
Iffley
Prospect
Norman Riv.
Greenvale
Paluma Range Nat. P.
Toomula
Magnetic Island
Myola
Nara
Gilberton
Lyndhurst
Mt. Halifax
Bluewater
TOWNSVILLE
Cloncurry Riv.
Victoria Vale
Mt. Lookout
Pandanus
Clarke River P.O.
Bowling Green Bay
Burke and Wills Roadhouse
Canobie
Savannah Downs
Pelham
Perrivale
Blackbraes Nat. P.
Black Braes
Stopem Blockem Ra.
Craigie
Clarke Riv.
Mt. Oweenee
Maryvale
Eumara Springs
Mt. Elliot
Giru
Ayr
Home Hill
Boomarra
Arizona
Numil Downs
Malpas Hut
Gregory Springs
Nulla Nulla
Dotswood
Woodstock
Fanning River
Alcala
Kalmeta
Millungera
Middle Park
Reedy Springs
Clare

Tropische Paradiese

Far North Queensland, für die Locals nur FNQ, ist Australiens Garten Eden: ein tropisches Paradies, warm, sonnig und vielerorts noch sehr ursprünglich. Sandstrände laden zum Träumen ein. Wo das Riff auf den Regenwald trifft, ist die Natur Welterbe – und das Nachtleben legendär.

❶ Cairns

Cairns (143 000 Einw.) wächst rasant. Schier unendlich sind die Erlebnisangebote der Hauptstadt des Far North.

SEHENSWERT
Drehscheibe für Ausflüge zum Great Barrier Reef ist die **Marlin Marina.** Motorjachten und schnittige Segelboote sind in der **Trinity Wharf** vertäut. Am Hafen erhebt sich der Einkaufs- und Entertainment-Komplex **Pier Marketplace** mit Läden und Restaurants. Unter der Kuppel des **Reef Hotel Casino** präsentiert der **Cairns Wildlife Dome** (35/41 Wharf Street, http://cairnszoom.com.au, So.–Fr. 9.00 bis 18.15 Uhr, Erw. 24 AUD) 60 tropische Tierarten und einen Hochseilparcours durch den Regenwald. Das **Stadtzentrum** dominieren Souvenirshops, Reisebüros und Backpacker-Hostels. Die 4800 m² große **Salzwasser-Lagune** mit Strand liegt in einem Park mit Elektrogrills. Gen Norden wurde der 3 km lange **Esplanade Walking Trail** mit Trimm-dich-Stationen versehen, gen Südosten der **Harbour Walk** mit Lichtern in den Bäumen geschmückt.

MUSEUM
Australische Künstler wie Russell Drysdale zeigt die **Regional Gallery** (40 Abbott Street, www.cairnsregionalgallery.com.au, Mo.–Sa. 9.00/10.00–17.00, So. bis 14.00 Uhr, Erw. 5 AUD) hinter ihrer Backsteinfassade – ihr Terrassencafé ist Treff der Stadt.

Von Cairns ist die Koralleninsel Green Island nur einen Katzensprung entfernt, daher auch bei Tagesgästen sehr beliebt.

AKTIV
Die großen Anbieter von Ausflugsfahrten zum **Great Barrier Reef** TOPZIEL sind im Reef Fleet Terminal (1 Spence Street) zu finden, kleinere Anbieter an der Marlin Marina. Törns führen auch nach **Green Island,** wo der Marineland Crocodile Park 50 Krokodile zeigt. **Wildwasser-Rafting** (www.cairnsrafting.com.au) sorgt für Adrenalinkicks im Regenwald.

VERANSTALTUNGEN
Die **CIAF** ist Schaufenster der indigenen Kunst (s. S. 83). Seit 1961 feiert Cairns im Aug./Sept. sein **Cairns Festival** (www.cairnsfest.com.au).

ÜBERNACHTEN
Zwei Nachtclubs, Lagunenpool, Doppelstockbetten und Hotelzimmer: € / €€ **Gilligan's** (57–89 Grafton St, Cairns City, www.gilligans.com.au) ist für partyliebende Backbacker die erste Wahl.

RESTAURANTS
An der Marina lockt das In-Lokal €€ **Salt House** (6/2 Pierpoint Road, www.salthouse.com.au) mit Samba zu Livemusik (Do., So.). Wallaby steht auf der Karte des €€/€€€ **Ochre Restaurant** (43 Shields Street, www.ochrerestaurant.com.au).

INFORMATION
Cairns & Tropical North Visitor Information Centre, 51 The Esplanade, Cairns QLD 4870, Tel. 07 40 51 35 88, www.cairnsgreatbarrierreef.org.au

❷–❹ Cassowary Coast

Flugunfähige Helmkasuare gaben der Cassowary-Küste (31 300 Einw.) ihren Namen. Sie lockt mit den höchsten Bergen Queenslands und Inselträumen im Korallenmeer.

SEHENSWERT
In ❷ **Innisfail** (7880 Einw.) drängen sich entlang von Edith Street und Rankin Street Fassaden mit Art-déco-Schmuck. José Pedro E. Paronella (1887–1948) verwandelte fünf Hektar Regenwald am **Mena Creek** in den **Paronella Park**, ein spanisch inspiriertes Anwesen. Eine technische Meisterleistung ist das Kraftwerk am Wasserfall (ca. 20 km südwestl. von Innisfail; Mena Creek/Paronella Park, 1671 Japoonvale Road, www.paronellapark.com.au). Postkartenidyll an der Küste ist ❸ **Mission Beach** (515 Einw.). Wassertaxis (www.missionbeachwatertaxi.com) schippern zu den Inseln **Dunk** und **Bedarra,** Wanderwege führen im **Djiuru National Park** durch Regenwald. 30 km landeinwärts prasseln von Januar bis April sintflutartige Regenfälle auf ❹ **Tully** (2450 Einw.) nieder. Die Niederschläge sind ideal für den Anbau von Zuckerrohr – die **Tully Sugar Mill** gibt Einblicke in die Rohrzuckerherstellung (Twilight Tour Juli/Aug., Mo.–So., Tickets nur beim Tully Visitor & Heritage Centre am Highway 1, geschlossenes Schuhwerk und langärmeliges Oberteil sind Pflicht).

AKTIV
Croc Spotting und **Mud Crabbing** auf dem Johnston River (www.crocandwildlifetours.com, Di., Do., Sa., Erw. 70 AUD), **Segelausflüge** vor Mission Beach (www.bigmamasailing.com). Der **Mamu Tropical Skywalk** (Palmerston Hwy, Innisfail, http://mamutropicalskywalk.com.au, tgl., Erw. 23 AUD) lädt zum 2,5 km langen Spaziergang in luftiger Höhe.

INFORMATION
Mission Beach & Wet Tropics Visitor Information Centre, Porter Promenade, Mission Beach QLD 4852, Tel. 07 40 68 70 99, www.missionbeachtourism.com

5 Atherton Tablelands

Im Süden des bis zu 1200 m hohen Plateaus südwestl. von Cairns erheben sich Mt. Bartle Frere (1657 m) und Mt. Bellenden Ker (1591 m).

SEHENSWERT
In **Kuranda** nutzt man Skyrail (Captain Cook Highway/Ecke Cairns Western Arterial Road, www.skyrail.com.au, tgl. ab 9.00 Uhr) oder Kuranda Scenic Railway (Bunda Street, www.ksr.com.au, tgl. 8.30 Uhr ab Cairns, 14.00 Uhr ab Kuranda; beide: Erw. ab 50 AUD). Auf den **Original Kuranda Markets,** dem **Rainforest Market** oder **Kuranda Heritage Market,** findet man Kunsthandwerk aus der Region. Ein **Vogelpark** (Heritage Markets, www.birdworldkuranda.com, tgl., Erw. 18 AUD), **Schmetterlingspark** (8 Rob Veivers Drive, http://australianbutterflies.com, tgl., Erw. 19,50 AUD) und der **Rainforestation Nature Park** (Kennedy Highway, www.rainforest.com.au, tgl., Kombiticket Erw. 47 AUD) bringen den Regenwald und indigene Kultur näher. **Mareeba** (7800 Einw.) westl. von Kuranda ist das Zentrum der australischen Kaffeeindustrie – Skybury präsentiert den Anbau von Arabica (136 Ivievic Road, www.skybury.com.au, Mo.–Fr.). Hauptstadt des Tafellandes ist **Atherton** (7300 Einw.), der Hou-Wang-Tempel ist Australiens einziger China-Tempel (86 Herberton Road, www.houwang.org.au, Mi.–Sa., Erw. 10 AUD). Die Crystal Caves sind eine künstliche Schauhöhle mit Edelsteinen und Mineralien (69 Main Street, www.crystalcaves.com.au, Mo.–So., Erw. 22,50 AUD). **Ravenshoe** (860 Einw., 50 km südl.) lockt mit Queenslands höchstgelegener Kneipe: dem € Tully Falls Hotel (Ecke Grigg/Monument Street; 916 m). Bei den rd. 4 km entfernten **Millstream Falls** stürzen die breitesten Wasserfälle des fünften Kontinents 13 m tief zu Tal. Der Waterfall Circuit führt östlich von Millaa Millaa zu Wasserfällen – mit Picknickplatz an den **Millaa Millaa Falls.** Am **Curtain Fig Tree** bei **Yungaburra** (ca. 43 km nördl.) bilden Luftwurzeln einer Würgefeige einen Vorhang.

Ziele für Aktive: Wanderung in den Atherton Tablelands (hier der Ellinjaa Fall) oder Croc Spotting im Daintree National Park

VERANSTALTUNG
Im Juli messen sich Männer und Frauen beim **Mareeba Rodeo** im dortigen Kerribee Park (www.mareebarodeo.com.au).

ÜBERNACHTEN
Im Regenwald verstecken sich die **€€/€€€ Canopy Treehouses** (Hogan Road, Tarzali, www.canopytreehouses.com.au).

RESTAURANT
In Kuranda Village serviert der Imbiss **€ German Tucker** (www.germantucker.com) Känguru und Croc mit Sauerkraut.

INFORMATION
Visitor Information Centre, 345 Byrnes Street, Centenary Park, Mareeba QLD 4880, Tel. 07 40 92 56 74, www.athertontablelands.com.au

6 Port Douglas

Das Fischerdorf **Port Douglas** **TOPZIEL** (3.300 Einw.) macht Cairns mächtig Konkurrenz.

SEHENSWERT
Als um 1870 Gold am Hodgkinson River gefunden wurde, entstand Port Douglas als Verladehafen. An jene Jahre erinnern die weiße **Sugar Wharf** am Dickson Inlet und die nahe Kapelle **St. Mary's by the Sea** (1914–1988). Das **Old Court House Museum** im alten Gericht gewährt Einblicke in die Lokalgeschichte (Wharf Street, www.douglashistory.org.au, Di., Do., Sa., So. ab 10.00 Uhr, Erw. 2 AUD). Koalas sind Stars im **Wildlife Habitat** (Port Douglas Road, www.wildlifehabitat.com.au, Erw. 33 AUD). Pier und Strand verbindet die Bummelmeile **Macrossan Street.**

ERLEBEN
Australienweit berühmt für Cane Toad Races ist die **Ironbar:** Bei den Rennen der Aga-Kröten darf allabendlich gewettet werden (tgl. 20.30 Uhr, 5 Macrossan Street, www.ironbarportdouglas.com.au, Eintritt 5 AUD). Zum romantischen Regenwald-Dinner laden die **Flames of the Forest** (29 Barrier St, www.flamesoftheforest.com.au, Erw. ab 200 AUD). Bis zum frühen Nachmittag scheint die Sonne am feinsandigen **Four Mile Beach. Tauch- und Schnorchelfahrten** zum Outer Great Barrier Reef und zu den Low Isles mit weißen Korallenstränden starten an Reef Marina (www.calypsoreefcruises.com, www.quicksilver-cruises.com, beide ab 230 AUD; Speedboot zum Riff, www.reefsprinter.com.au, ab 120 AUD; Segeltörn, http://sailawayportdouglas.com, ab 235 AUD).

ÜBERNACHTEN
Zwei Hektar (!) groß ist der Pool des **€€€ Sheraton Mirage** (Port Douglas Road, www.sheratonportdouglas.com) am Four Mile Beach. Günstiger sind die Ferienwohnungen – die **€€ Balboa Apartments** (1 Garrick Street, www.balboa.com.au).

INFORMATION
Port Douglas Tourist Information Centre, Macrossan Street, Port Douglas, Tel. 0740 99 55 99, www.infoportdouglas.com.au

7 Cape York Peninsula

Nur 18 000 Menschen leben auf der 137 000 km² großen Nordspitze von Queensland. Größere Orte sind Cooktown (2340 Einw.) und die Bergbaustadt Weipa (2830 Einw.); es dominiert pastorale Weidewirtschaft.
20 Prozent der Halbinsel sind im Besitz der Ureinwohner, die bei Laura (s. S. 92) eine große

Tipp

Wie in alten Zeiten

Zu einer nostalgischen Zeitreise lädt Herberton Historic Village mit 50 Bauten aus der Zeit von etwa 1850 bis 1880. Bäcker und Schneider, Bank und Gefängnis lassen die Zeit der Pioniere ebenso aufleben wie die Tea Rooms, die Scones servieren.

6 Broadway, Herberton QLD 4887, www.historicvillageherberton.com.au, Mitte März–Mitte Okt. tgl. 10.00 bis 17.00, sonst 9.30–16.00 Uhr, Erw. 27 AUD

Tipp

Felschaos

Sie sind klein, zutraulich und nur hier heimisch: die Zwergkängurus von Mareeba. In der Granite Gorge dürfen sie gefüttert und gestreichelt werden. Mehrere markierte Wanderwege durchziehen das Felschaos im Creek.

332 Paglietta Road, Mareeba QLD 4880, 12 km von Mareeba, http://granitegorge.com.au, tgl. ab 8 Uhr, Erw. 10 AUD, inkl. Camping ab 24 AUD

Zahl prähistorischer Felszeichnungen hinterlassen haben.

SEHENSWERT
100 km nordwestlich von Cairns erstreckt sich der 7080 km² große **Daintree National Park** TOPZIEL. Er birgt bis heute einen Großteil der Flora und Fauna, die vor 100 Millionen Jahren den Superkontinent Gondwana bedeckte. Am **Cape Tribulation** trifft der als Welterbe geschützte Regenwald auf das Riff. In der Charlotte Street von **Cooktown** stehen noch Gebäude aus der Zeit des Goldrausches. Schönster Aussichtspunkt der Stadt ist der Leuchtturm auf dem 192 m hohen **Grassy Hill**.

MUSEUM
Das **James Cook Museum** erinnert mit Tagebüchern, Karten und vielen Artefakten an Australiens großen Entdecker (Ecke Helen St./Furneaux Street, www.nationaltrust.org.au, tgl.).

ERLEBEN
Bei Ngadiku Dreamtime Walks durch die **Mossman Gorge** geben die örtlichen Kuku Yalanji Einblicke in Kultur und Lebensraum (212r Mossman Gorge Road, www.mossmangorge.com.au, tgl., Erw. 60 AUD). Im **Daintree Discovery Centre** (Ecke Cape Tribulation Road/Tulip Oak Road, Cow Bay, www.discoverthedaintree.com, tgl. 10.00–17.00 Uhr, Erw. 32 AUD) kann man den Regenwald interaktiv auf Displays und auf einem Holzplankenweg in den Baumwipfeln für sich entdecken.

VERANSTALTUNGEN
Ende Juni inszeniert Cooktown die Ankunft von Captain Cook beim **Cooktown Discovery Festival** (www.cooktowndiscovery.com). Mit Tänzern aus 20 Kommunen feiern die Ureinwohner in ungeraden Jahren Ende Juni bei Laura das **Laura Aboriginal Dance Festival** (www.lauradancefestival.com).

INFORMATION
Visitor Information Centre Cooktown & Cape York, Nature's Powerhouse, Botanic Gardens, Walker Street, Cooktown QLD 4895, Tel. 07 40 69 60 04, www.tourismcapeyork.com

Genießen Erleben Erfahren

DuMont Aktiv

Wellness im Regenwald

Nicht nur in Küche und Kultur, sondern längst auch bei Wellness setzt Australien auf Ingredienzien aus dem Busch und das Wissen der Ureinwohner.

Auf Stelzen ducken sich rund 100 Kilometer nördlich von Cairns 30 Hütten unter dem dichten Blätterdach des Daintree Rainforest, des ältesten Regenwaldes der Welt. „Für die Aborigines war nicht Schönheit, sondern körperliches Wohlbefinden wichtig", sagt Kelda Maloney, ausgebildete Naturtherapeutin und Leiterin des Spas. Ihre überlieferten Techniken, heute bei der Wellness im Wald angeboten, wirken auch bei Besuchern aus dem Westen. Schauspielerin Brooke Shields fühlte sich nach ihrem „Walbu Walbu Spa Treatment" wie im Himmel auf Erden – und schrieb es begeistert ins Gästebuch.

Mit einer Packung aus warmem Mapi-Schlamm beginnt die gut zweistündige Anwendung. Während Mineralstoffe den Körper füttern, wird der Kopf nach traditionellen Techniken der Aborigines massiert. Für die Haare folgt eine Kur mit Kräutern und Quandongs, quittenähnlichen Früchten aus dem Outback. Warmer tropischer Regen, im eigenen Biotank gespeichert, spült den Schlamm fort, wärmt und macht bereit für die abschließende Kodo-Massage aus pressenden, streichenden und dehnenden Bewegungen.

Weitere Informationen

Daintree Eco Lodge,
3189 Mossman Daintree Road,
Daintree, Tel. 07 40 98 61 00,
www.daintree-ecolodge.com.au

Mythos und Urnatur: das Outback

Es ist zerfurchter und rauer als der charismatische Viehtreiber Hugh Jackman, schöner als Nicole Kidman – und der eigentliche Star des Abenteuer-Epos „Australia“: das Outback. Seine atemberaubenden Landschaften sind ein Stück vom Paradies. Und Nährboden für Mythen, Spleens und den „Australian Spirit“.

Der Uluru erhebt sich aus der schier unendlichen Ebene und wechselt je nach Stand der Sonne seine Farben: von Orange über Hell- und Dunkelrot bis hin zu Pink und Lila.

In seinem Stadtzentrum hat sich Winton Bauten aus der viktorianischen Zeit und den ersten Jahren der Föderation bewahrt.

Freundlicher Empfang in Longreach bei Kinnon & Co., einem Familienunternehmen, das den Pionieren von heute das Leben von damals nahebringen will.

Charles Phillott erklärt den Gästen auf seiner Farm, der Carisbrooke Station nahe Winton, die sprechenden Malereien der Aborigines.

Zeitweise führt der Thomson River Wasser, dann nimmt der Raddampfer nahe Longreach seinen Betrieb auf.

Bei Farmstays werden Gäste in das Leben auf der Farm im Outback einbezogen, so auch bei Penelope und Charles Phillott.

Special

Goldgräberstadt Charters Towers

Goldrausch mit Getöse

Auf der Hotelveranda lässt sich dem Geist der Goldgräberzeit nachspüren.

Die alte Goldgräberstadt Charters Towers war einst „The World", das Zentrum der Welt, wie der Schriftzug auf dem Towers Hill verrät.
Von 1872 bis 1916 wurde hier, 140 Kilometer südwestlich von Townsville, aus 100 Minen Gold im Wert von mehr als 50 Mio. Dollar gefördert. Zu den Zeugnissen des Goldrausches führt der Ghosts of Gold Trail: Die „Geister" jener Zeit zeigen in der Venus Battery in der Millchester Road, wie Tonnen von Gold unter großem Lärm aus dem Gestein gebrochen und gewaschen wurden. In der Stock Exchange (76 Mossman Street) verrät das „Calling of the Card", wie der Goldpreis festgelegt wurde. Grandiose Goldrausch-Gebäude sind auch in der Gill Street erhalten. Vom 420 Meter hohen Towers Hill Lookout eröffnen sich weite Blicke auf die Stadt und die Ebene (www.charterstowers.qld.gov.au).

Makellos blau spannt sich der Himmel über einem goldgelben Teppich aus kniehohem Mitchell-Gras, der erst am Horizont endet. Dann tauchen plötzlich Gidgee-Bäume auf, Akazien, die auch *stinking wattles* – stinkendes Flechtwerk – genannt werden und schon den Aborigines verrieten, dass es am Ort Wasser gibt. Und tatsächlich: Inmitten der scheinbar trockenen Einöde taucht kurz darauf hinter ein paar Büschen ein milchigtrübes Wasserloch auf. An solch einem „Billabong" soll vor mehr als 100 Jahren ein Landstreicher kampiert haben, der einen Hammel stahl und in seinen Beutel steckte. Prompt kam die Polizei, wollte ihn fangen, doch er entwischte durch einen Sprung in den See. Zugetragen haben soll sich das Ereignis am Combo Waterhole bei Winton. Überliefert wurde es 1895 in einer Ballade von Banjo Paterson, die heute Australiens inoffizielle Nationalhymne ist: „Waltzing Mathilda".

Bis heute ist das Outback, das sich jenseits der urbanisierten Ostküste und den Hängen der Great Dividing Range erstreckt, ein Land der Pioniere – und Wiege des „Australian Spirit". In Longreach, wo im Sommer die Temperaturen tagsüber auf weit mehr als 40 Grad Celsius steigen und es im Winter bitter-

Nahezu unberührtes Buschland erstreckt sich in Queensland im Schatten des Uluru.

Alte Mythen, Menschen mit Traditionen: Aborigine im Uluru-Kata Tjuta National Park. Auf Luxus muss niemand im Hotel Longitude 131 verzichten, das Teil des großen Ayers Rock Resort nahe dem Uluru ist.

So unterschiedliche wie hohe Anforderungen stellt das Outback an Reisende – an Road Trains, die quer durch das Land fahren, wie an Mountainbiker mit Ziel Uluru.

Die „vielen Köpfe" der Kata Tjuta sind Teil des Uluru-Kata Tjuta National Parks. Wind und Wasser lassen den roten Arkose-Sandstein verwittern.

kalt wird, erzählt die Stockman's Hall of Fame von Männern und Frauen, ersten Siedlern, Farmern und heutigen Helden der unwirtlichen Gegend. Als Goldsucher und Rinderbarone eroberten sie das Landesinnere. Die Station Davenport Downs, Queensland ist mit 15 100 Quadratkilometern um ein Vielfaches größer als die bekannten US-Riesenranches.

Den Alltag einer solchen Farm kann man heute beim *farmstay* erleben oder auf Mount Mulligan Station beim Mustering Day. Ein halbes Dutzend Stockmen, australische Cowboys, treibt eine Rinderherde dabei hinunter zu den Weiden. Mancher der Besucher und Backpacker, der sich hier mit einem Work-&-Travel-Visum aufhält, schaut beim Zusammentreiben der Herde mit Hunden, Pferden und Hubschraubern nicht nur zu, sondern packt mit an.

Ins rechte Licht gerückt

Der Uluru im roten Zentrum des Kontinents ist heute wieder fest in der Hand der Anangu-Aborigines, die seit 1985 ihren heiligen Berg als Herzstück eines 1336 Kilometer großen Nationalparks selbst verwalten. 384 Meter hoch und bis zu 2 Kilometer breit ragt der dreieckige rote Fels aus der Ebene auf.

„Schatten spendender Platz" heißt der Berg in der Sprache der Ureinwohner. Als William Gosse (1842–1881) ihn im Landesinnern entdeckte, benannte der britische Entdecker ihn zunächst zu Ehren des damaligen Premiers Südaustraliens, Sir Henry Ayers (1821–1897), „Ayers Rock". Den alten kolonialen Namen hat er längst abgelegt. Nur langsam wird auch Gosses zweiter Fehler ausgemerzt. Gosse hatte gemeint, den größten Monolithen der Welt entdeckt zu haben – doch tatsächlich ist der berühmte Berg nur ein Teilstück einer größtenteils unterirdischen und bis zu 5 Kilometer dicken und 100 Kilometer langen Felsformation, zu der auch Kata Tjuta gehört. Sie entstand vor rund 800 Millionen Jahren, als sich Geröll und Schlamm in einer Senke verklumpten.

Alice Springs im roten Herzen Australiens ist Ausgangspunkt für Touristen, die Touren ins Outback unternehmen, und Heimat des Arrernte-Volkes.

Traumfahrt auf 4Wheels

Tausende Touristen pro Tag landen auf dem Flughafen von Yulara, wohnen in Luxushotels, buchen Malkurse im Dot Painting, drängeln sich an ausgewiesenen Sunset- und Sunrise-Spots, wandern auf dem Base Walk um den berühmten Berg, schlemmen unter Sternen im Outback, reiten auf Kamelen durch die Wüste, schweben im Heißluftballon über die Heimat der Anangu – oder wollen dem Uluru aufs Haupt steigen. Gottesfrevel ist das für die Aborigines. Der Heilige „rächt" sich auf seine Weise: Immer wieder kommt es zu Rettungsaktionen. 36 Menschen sind seit 1958 bei der Besteigung gestorben.

Wer als Selbstfahrer das Outback erkunden will, sollte dem Red Centre Way folgen, der von Alice Springs aus als 1135 Kilometer lange Schleife die weltberühmten Naturwunder des roten Herzens Australiens wie Juwelen einer Kette aufreiht: Uluru-Kata Tjuta National Park mit dem berühmten Berg und den Felsdomen, Watarrka National Park mit dem Kings Canyon, die farbigen Sandsteine des Rainbow Valley und die West MacDonnell Ranges, wo die *billabongs*, die Gewässer, der Glen Helen Gorge und Ormiston Gorge kühle Erfrischung bieten.

Von Alice Springs nach Darwin in den Norden zieht sich als 1600 Kilometer langes Asphaltband der Explorer's Way. Er folgt den Spuren von John McDouall Stuart, der 1862 als Erster den fünften Kontinent durchquerte. Und dabei auch die versteinerten Eier der Regenbogenschlange südlich von Tennant Creek entdeckte, die Devils Marbles.

30 Jahre später eröffnete im staubigen Niemandsland nördlich davon eine Pinte, die seit 1893 Kult ist: der Daly Waters Pub. Zunächst als Geschäft an der Bahnstrecke des Ghan eröffnet, 1930 dann zum Hotel umgebaut, ist er heute Ziel der Grey Nomads, die auch die Bush Bank an der Bar bestaunen: Geldscheine, ordentlich versehen mit Unterschrift und Datum – als Guthaben für die Drinks beim nächsten Besuch.

Von Alice Springs oder Yulara aus lässt sich das Outback auf unterschiedliche Art erleben: auf dem Kamelrücken zum Beispiel oder per Wanderung mit spektakulären Aussichten auf dem Larapinta Trail.

Im Outback in Queensland werden große Opalminen betrieben. Mark Higby in Cairns verwandelt die Edelsteine zu Schmuckstücken.

Die versteinerten Eier der Regenbogenschlange, die Devils Marbles südlich von Tennant Creek, machen heute als fotogene Felsen dem Uluru Konkurrenz.

Die schönsten Outdoor-Erlebnisse

Faszination Natur

Zum Lebensgefühl im Osten Australiens gehört das aktive Erleben der einzigartigen Landschaften, ihrer Natur und Kultur, ihrer Erzeugnisse und Traditionen einfach dazu – und das rund um die Uhr. Beim ersten Sonnenlicht geht es im Heißluftballon hinaus ins Outback, abends wird an weißem Leinen im roten Sand geschlemmt.

1 Schlemmen am Rock

Die Dinnererlebnisse „Sounds of Silence" und „Tali Wiru" verbinden Luxus mit unvergesslichem Naturerlebnis. Ein Glas Sekt zum Sunset, während zu den Klängen des Didgeridoo die untergehende Sonne Uluru und Kata Tjuta mit ihrem Farbenspiel verzaubert. Ein Schlemmermenü unter Abertausenden Sternen. Wie sie heißen und was sie bedeuten? Das verrät danach das „Star Gazing", bei dem ein Guide das Funkeln am Firmament erläutert.

www.ayersrockresort.com.au/experiences
Sounds of Silence, Erw. 195 AUD; Tali Wiru, Erw. 395 AUD, nur April–Mitte Okt.

2 Schluchtenwandern

Schroffe Felsen, hohe Schluchten und grüne Oasen: Beim 6 km langen Canyon Rim Walk entlang der Steilkante lässt sich im Watarrka National Park die größte Schlucht des Red Centre auf eigene Faust entdecken. Die Lost City mit ihren von Wind und Wetter erodierten Sandsteinskulpturen ist unterwegs der perfekte Platz fürs Picknick, und für Erfrischung sorgt im Garden of Eden ein Naturpool!

Park- und Wanderinfos auf der offiziellen Website: http://parksandwildlife.nt.gov.au/parks/find/watarrka#.Vqolo5PhCUk

3 Mit dem Wüstenschiff

Seit mehr als 30 Jahren führt Marcus William jeden Tag Gäste auf seinen Kamelen durch die West MacDonnell Ranges und lässt sie die Faszination Outback eine Stunde lang ganz nachhaltig erleben. Denn dank ihrer Schwielensohlen, die viel weicher sind als harte Pferdehufe, schädigen Kamele das fragile Ökosystem nicht.

Pyndan Camel Tracks, 21259 Jane Road, Alice Springs (17 km südwestl.), www.cameltracks.com, einstündige Touren starten um 9.00, 12.00, 14.30 Uhr und zum Sonnenuntergang, Erw. 60 AUD

4 MTB im Outback

Alice Springs ist die Hochburg der Mountainbiker im Herzen Australiens. Zahlreiche markierte Radwege erschließen das Stadtgebiet und sein Umland. An der Telegrafenstation von Alice Springs, dem Startpunkt des Larapinta Trails, gibt es bei Outback Cycling solide Drahtesel für eine Tour durch das Schutzgebiet.

Outback Cycling, Herbert Heritage Drive, Alice Springs, Tel. 08 89 52 39 93, http://outbackcycling.com, geführte MTB-Touren ab Telegraph Station tgl. 9.30 Uhr, Erw. 95 AUD

5 Croc Spotting in der Wildnis

Im tropischen Nordqueensland leben unzählige Süß- und Salzwasserkrokodile in freier Wildbahn. Beobachten lassen sie sich hautnah bei Croc-Spotting-Touren – groß ist das Angebot solcher Ausflüge am Cape Tribulation, aber auch im Daintree National Park und auf den Whitsundays.

Cape Tribulation Wilderness Cruises, www.capetribcruises.com, Erw. ab 30 AUD.
Solar Whisper, Cape Tribulation Road, Daintree, www.solarwhisper.com, Erw. 25 AUD.
Whitsunday Crocodile Safari, Proserpine River Eco Tours, Airlie Beach, www.crocodilesafari.com.au, Erw. 129 AUD

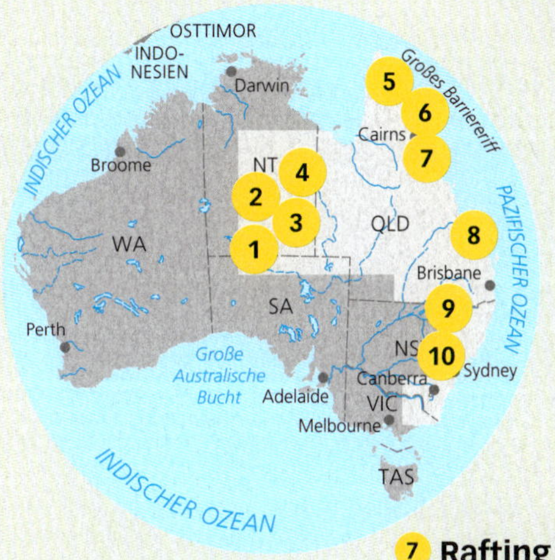

6 Nostalgie-segeln am Riff

Vom Gut zum Grand Village: Zweimal täglich – morgens um acht und mittags um eins – nimmt die schmucke „Tallarook“, eine 90 Fuß lange Segelveteranin ganz in Weiß, Kurs auf die 15 Kilometer entfernten Low Isles, ein Schnorchelparadies des inneren Riffs mit zahlreichen Arten von Hart- und Weichkorallen, bunten Tropenfischen und grünen Meeresschildkröten.

10/2 Dixie Street,
Port Douglas,
Tel. 07 40 99 40 70,
www.sailtallarook.com.au,
Erw. 120 AUD

7 Rafting im Welterbe

Nach starken Regenfällen verwandeln sich die Flüsse im tropischen Norden Queenslands in wildes „white water“, das zum abenteuerlichen Ritt über die Stromschnellen lädt – beim Rafting im Schlauchboot oder „Bodyboarden“ mit Helm und Schutzanzug. Russell River, Barron River und North Johnstone River sind Wildwasser, die auch Einsteiger lieben werden; der Tully River (Abb.) indes ist ein Rafting-Highlight für Cracks.

Raging Thunder Rafting,
52 Fearnley Street Portsmith, Cairns,
Tel. 07 40 30 79 90, www.cairnsrafting.com.au/tully-river-rafting, ab Cairns 6.30, Mission Beach 7.30 Uhr, Rückkehr 18.00/16.00 Uhr, Erw. 199 AUD

8 Paddeln in Everglades

Nördlich von Tewantin reichen die Noosa Everglades von der Küste bis weit ins Hinterland. Dichte Mangrovenwälder säumen die Flussläufe, die der Saft der Tea Trees schwarz gefärbt hat. Schlanke Eukalyptusbäume spiegeln sich in den stillen Fluten von Lake Cooroobia und Lake Cootharaba: eine amphibische Idylle, die sich am schönsten im Kanu oder Kajak entdecken lässt – auf eigene Faust oder bei geführten Touren.

Kanu Kapers Australia,
11 Toolara Street, Boreen Point, Noosa,
Tel. 07 54 85 33 28, www.kanukapersaustralia.com, ab 99 AUD ohne Guide, ab 155 AUD mit Guide

9 Abheben beim Ballooning

In der Kühle der Nacht steigt der Ballon in den Himmel. Dann wecken die ersten Sonnenstrahlen die Wüste, die sich Hunderte Meter tiefer bis an den Horizont erstreckt. Bergspitzen, Schluchten, eine Farm und Kängurus, die in weiten Sprüngen den Busch durchqueren, nehmen Konturen an, während weiter östlich bunte Ballons langsam über Weingärten und weite Täler schweben.

Balloon Aloft, Cessnock,
Tel. 02 49 90 92 42,
ww.balloonaloft.com
Hot Air Balloon, 275 George Street, Brisbane,
Tel. 07 31 37 07 11,
www.hotair.com.au

10 Überlebens-workshop

Wie kann ich im Busch überleben? Was darf ich essen? Wie baue ich mir ein bequemes Bett im Busch? Und wie hole ich ohne Hilfsmittel im Notfall Hilfe? Das verrät der Überlebensworkshop Go Walkabout in einer langen Nacht, die ganz nebenbei hautnahe Begegnungen mit der nachtaktiven australischen Tierwelt erlaubt.

Australia Walkabout Wildlife Park, 1 Darkinjung Road/ Ecke Peats Ridge Road, Calga, Tel. 02 43 75 11 00, www.walkaboutpark.com.au, Mindestalter 16 Jahre, Erw. 245 AUD

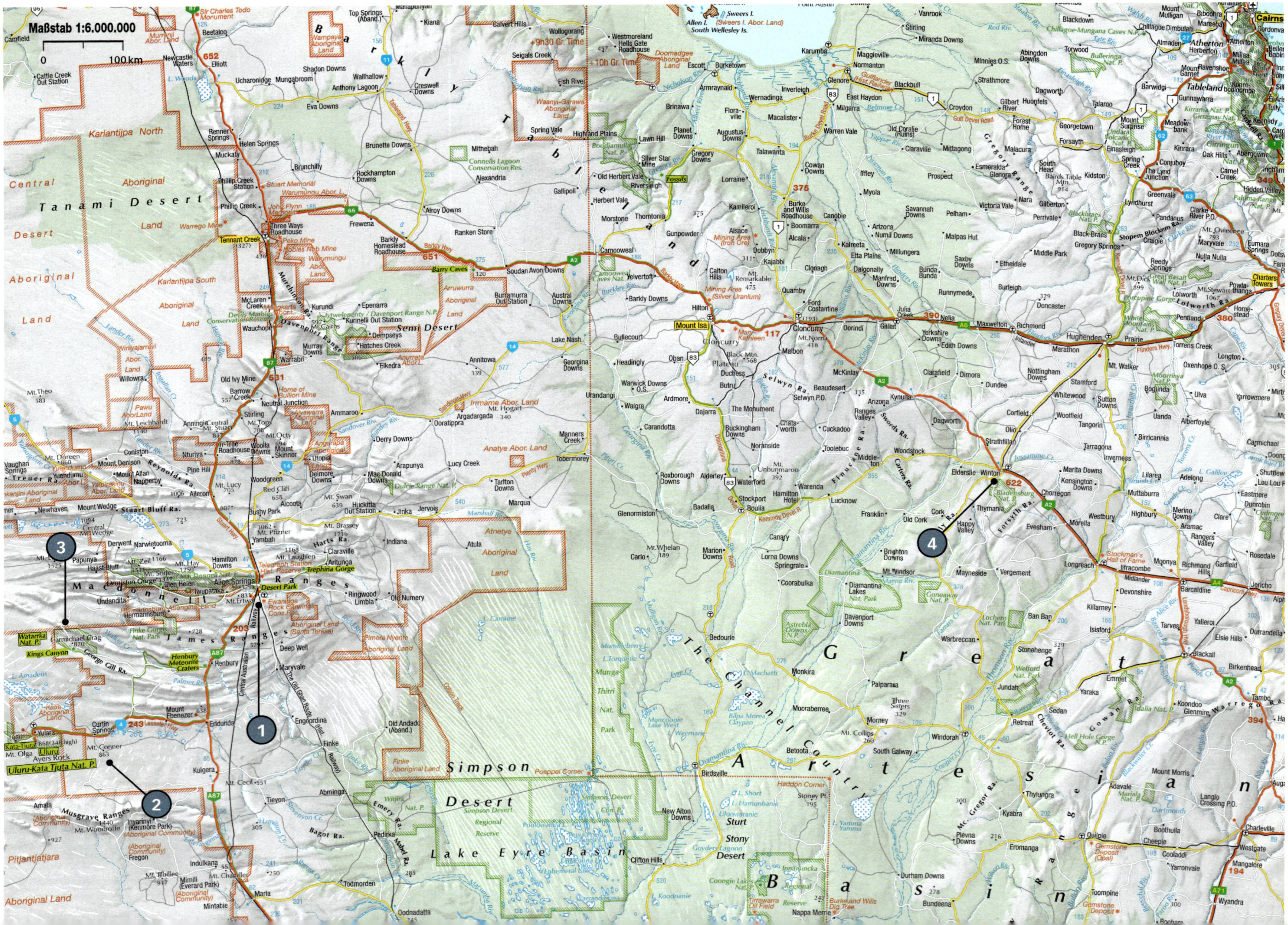
Maßstab 1:6.000.000
0
100 km
Tanami Desert
Central
Aboriginal
Land
Barkly Tableland
Tennant Creek
Mount Isa
Cloncurry
Hughenden
Charters Towers
Cairns
Atherton
Tableland
Karumba
Normanton
Longreach
Winton
Barcaldine
Alice Springs
Desert Park
Kings Canyon
Uluru-Kata Tjuta Nat. P.
Simpson Desert
Lake Eyre Basin
Sturt Stony Desert
Birdsville
Bedourie
The Channel Country
Great Artesian Basin
Mac Donnell Ranges
James Ranges
Musgrave Ranges
Semi Desert
Pitjantjatjara
Aboriginal Land
1
2
3
4

Tiefe Schluchten & rote Berge

Das Outback lockt mit Landschaften, die sich seit der Urzeit kaum verändert haben. Endlose Weite, wilde Natur, Kultur, Welterbestätten und Kunst der Aborigines, Goldrausch-Geschichten, spirituelle Orte und viele schräge Vögel: Sind Sie bereit für das Abenteuer?

1 Alice Springs

Im roten Herzen Australiens kuschelt sich Alice Springs (25 300 Einw.) rasterförmig an die zerklüfteten MacDonnell Ranges. The Alice ist eine Wüstenstadt, John Flynn gründete hier den Royal Flying Doctor Service (RFDS).

SEHENSWERT

Ein kleiner Hügel mit großartiger Aussicht ist der **ANZAC Hill.** Das Stadtzentrum erstreckt sich rund um die verkehrsberuhigte **Todd Street Mall.** Gegenüber der **John Flynn Memorial Church,** die an den Gründer des Royal Flying Doctor Service erinnert, erhebt sich mit dem **Adelaide House** (Museum; 1926) das erste Krankenhaus Zentralaustraliens. 1928 wurde das **Old Court House** an der Ecke Hartley Street/Parsons Streeet errichtet. Der oberste Regierungsbeamte von Alice Springs wohnte von 1927 bis 1973 in der **Residency** an der Parsons Street 29. Bis 1939 wurden große und kleine Missetäter im **Old Stuart Town Goal** eingekerkert. Einblicke in die medizinische Versorgung im Outback gewähren die **Fliegenden Ärzte** (8–10 Stuart Terrace, www.rfdsalicesprings.com.au, Mo.–Sa. 9.00 bis 17.00, Sa./So. ab 13.00 Uhr, Erw. 15 AUD). Die giftigsten Schlangen der Welt stellt das **Reptile Centre** vor (9 Stuart Terrace, www.reptile centre.com.au, tgl. 9.30–17.00 Uhr, 17 AUD). Wie die Kinder auf Outback-Farmen im Red Centre per Funk und Internet unterrichtet werden, zeigt die **School of the Air** (nördl. des Zentrums, 80 Head Street, www.assoa.nt.edu.au/visitors-centre, Mo.–Sa. 8.30–16.30, So. 13.30–16.30 Uhr, Erw. 7,50 AUD). Die exotische Tierwelt der Region mit Bilbies und Zwergkängurus lässt sich im **Alice Springs Desert Park** hautnah entdecken (westl. des Zentrums, Larapinta Drive, www.alicespringsdesertpark.com.au, tgl. 7.30–18.00 Uhr, Erw. 32 AUD).

MUSEEN & GALERIEN

Mit nur einem Ticket lassen sich im **Araluan Cultural Precinct** am Larapinta Drive 61 alle wichtigen Kultureinrichtungen von Alice Springs besuchen: Mit Fossilien und Fundstücken der Vorzeit, Kunst und Alltagsobjekten der Aborigines sowie Flora und Fauna führt das **Museum of Central Australia** (4 Memorial Avenue, www.magnt.net.au, Mo.–Fr. 10.00 bis 16.00, Sa./So. 11.00–16.00 Uhr, Erw. 15 AUD) ins rote Zentrum ein. Ebenfalls dort zu finden

Road Trains legen Strecken im Outback zurück, die früher per Kutsche oder Flugzeug (Qantas Museum, Longreach) überwunden wurden.

sind das **Strehlow Research Centre** (indigene Kultur), die **Albert Namatjira Gallery** mit Originalen des Landschaftsmalers sowie **Central Craft** (http://centralcraft.org.au), die offizielle Verkaufsstelle für Kunsthandwerk von indigenen Künstlern aus Zentralaustralien. Den australischen Pionierfrauen ist die **Women's Hall of Fame** gewidmet (2 Stuart Terrace, http://pioneerwomen.com.au, tgl. 10.00 bis 16.00 Uhr, Erw. 10 AUD). Aus der **Telegrafenstation** dringen bis heute die Morsesignale, die einst über die erste Überlandleitung des Kontinents gesendet wurden (Herbert Heritage Dr, http://alicespringstelegraphstation.com.au, tgl. 9.00–17.00 Uhr, Erw. 13,75 AUD).

ERLEBEN

Alice Springs ist die Hochburg der Mountainbiker. Bei den **Araluen Mountain Bike Trails** ist die über 15 km lange Bergetappe durch die **West MacDonnell Ranges** in ein Netz kürzerer Routen eingebunden. Der 223 km lange **Larapinta Trail** windet sich von Alice Springs zum Mount Sonder durch eine Berglandschaft aus rotem Fels, schattigen Schluchten, Panoramagipfeln und grünen Oasen. Jede seiner 12 Etappen ist auch eine tolle Tageswanderung.

ÜBERNACHTEN

Von den geräumigen Zimmern des €€/€€€ **Chifley Alice Springs Resort** (34 Stott Terrace, Alice Springs, www.silverneedlehotels.com/chifley/alice-springs) blickt man auf die mächtigen River Gums (Eukalyptus) im Todd River. Vom Sechsbettschlafraum bis zum Doppelzimmer im Motel-Stil reicht das Angebot der €/€€ **Alice Lodge** (Mueller Street, Alice Springs, www.alicelodge.com.au).

RESTAURANT

Krokodil und Känguru prägen die Karte des €€ **Red Ochre Grill** (11 Leichhardt Terrace, www.alicespringsaurora.com.au/red-ochre-grill).

NACHTLEBEN

Die Bühne für Lokalgrößen oder Aborigines-Gruppen wie Iwantja und Tjupi Band ist der **Desert Music Club** (http://desertmusic club.com). Mehr Livemusik gibt es tgl. in der **Rock Bar** (78 Todd Street). Die **Uncles Tavern** (www.unclestavern.com) macht So. ab 15 Uhr ihre Bühne für Solisten und Bands frei.

INFORMATION
Alice Springs Visitor Centre,
Ecke Todd Mall/Parsons Street,
Alice Springs NT 0870, Tel. 07 89 52 58 00,
www.discovercentralaustralia.com

❷ Uluru & Kata Tjuta

384 m hoch und bis zu 2 km breit ragt Australiens Wahrzeichen **Uluru** **TOPZIEL** aus dem Outback auf, der Nationalpark **Uluru-Kata Tjuta** **TOPZIEL** bildet das spirituelle Zentrum des fünften Kontinents und ist Welterbe.

SEHENSWERT
Yulara ist die Versorgungssiedlung samt Flugplatz am Rock. Flora, Fauna, Geschichte und Infos zu den Anangu-Aborigines stellt das **Uluru-Kata Tjuta Cultural Centre** vor (Lasseter Highway, www.parksaustralia.gov.au, tgl. 7.00 bis 18.00 Uhr, Eintritt frei). Authentische Aborigines-Kunst verkauft im Besucherzentrum **Maruku Arts** (www.maruku.com.au). Didgeridoos und Aborigines-Kunst aus Zentralaustralien gibt es bei der **Mulgara Gallery** im Hotel Sails in the Desert (Ayers Rock Resort).

ERLEBEN
Sehr beliebt sind **Rundflüge** im Hubschrauber (www.phs.com.au, 15 Min. ab 150 AUD) oder Kleinflugzeug (http://helicoptergroup.com, 20 Min. ab 115 AUD). Man kann auch mit **Harley-Davidson-Motorrädern** um Australiens Ikonen kurven (www.ulurucycles.com, ab 119 AUD). Umweltfreundlicher sind **Radtouren** – Leihräder gibt es bei Outback Cycling (http://outbackcycling.com/uluru, 45 AUD). **Ausritte** offeriert die größte Kamelfarm der südlichen Hemisphäre (http://ulurucameltours.com.au, Erw. 129 AUD). Bitte verzichten Sie aus Rücksicht auf die religiösen Gefühle der Anangu auf das Besteigen des Berges!

Tipp

Spirit of the Outback

24 Stunden braucht der nostalgische „Spirit of the Outback" für die 1325 km lange Strecke von Brisbane nach Longreach – 24 Stunden, in denen die Landschaft mit Tempo 30 so langsam vorbeigleitet, dass man Kängurus beobachten kann. Bahnfahren im Busch – Zen auf Australisch.

www.queenslandrailtravel.com.au

Die Kata Tjuta sind ein attraktives Ziel bei einer Tour durch den Busch, die gerne mal durch den Besuch eines Rodeos unterbrochen wird.

UNTERKUNFT, RESTAURANT
Das **Ayers Rock Resort** vereint Unterkünfte aller Kategorien mit freiem Blick auf den Fels (www.ayersrockresort.com.au).

INFORMATION
Uluru-Kata Tjuta National Park
Cultural Centre, Lasseter Highway,
Uluru NT 0872, Tel. 08 89 56 11 28,
www.parksaustralia.gov.au

❸ Watarrka National Park

Der Watarrka National Park 450 km südwestlich von Alice Springs ist die Heimat des Kings Canyon, der größten Schlucht des Red Centre. 300 m fallen die roten Felswände in die Tiefe.

ERLEBEN
Schroffe Felsen, hohe Schluchten: Für viele gehört eine Wanderung auf dem **Kings Canyon Rim Walk** entlang der Steilkanten zu den schönsten Erlebnissen im Red Centre. Unterwegs staunt man über die verwitterten Felstürme, die die Lost City bilden, betrachtet Bergkängurus. Länger durch die Schlucht geht es auf dem **Giles Track** (22 km).

FARMSTAY
Ian und Lyn Conway von der **€€ Kings Creek Station** betreiben Australiens größte Kamelzucht – und haben ihre Farm für Gäste geöffnet (Stichstraße vom Lasseter Highway, Kings Canyon, www.kingscreekstation.com.au).

INFORMATION
www.parksandwildlife.nt.gov.au

❹ Winton

Die Dinosaurier, die in der Umgebung gefunden wurden, und „Waltzing Mathilda" hievten den Ort (1600 Einw.) auf die touristische Landkarte.

SEHENSWERT
Im **North Gregory Hotel** wurde am 6. April 1895 „Waltzing Matilda" uraufgeführt. In Winton liegt die Wiege der australischen Fluglinie QANTAS. Am 10. Februar 1921 fand im **Winton Club** (Oondooroo Street) die erste Sitzung statt. Zu den letzten Open-Air-Kinos Australiens gehört das **Royal Theatre** (73 Elderslie Street) von 1918. Aus dem Aushub seiner Opalmine baute der Deutsche Arno Grotjahn rund um sein Grundstück **Arno's Wall:** eine 70 m lange Wand, verziert u. a. mit zwei Motorrädern, Rasenmäher und Schreibmaschine.

MUSEUM
Das größte Saurier-Skelett des Kontinents, Elliott, ist ausgestellt im **Australian Age of Dinosaur Museum** (Landsborough Hwy, www.australianageofdinosaurs.com, April–Sept. tgl.).

ERLEBEN
Kinnon & Co. bieten **Touren** an, z. B. auf den Spuren der Pioniere oder Stockmen (128 Eagle Street, Longreach, www.kinnonandco.com.au).

»Der Nationalpark Uluru-Kata Tjuta bildet das spirituelle Zentrum des fünften Kontinents. Für die Anunga ist der Inselberg ein Heiligtum.«

Tipp

Undara Lava Tubes

Vor 190 000 Jahren kochte die Erde. Aus dem Undara-Schildvulkan glitt 1200 Grad Celsius heiße, sehr flüssige Lava in einer Rinne den Hang hinab. Sie hinterließ Lavaröhren, die im Undara National Park auf Führungen zu bewundern sind. Vom Undara Lava Tubes Lookout hat man einen grandiosen Blick.

Savannah Way, Undara Volcanic Park, http://undara.com.au, Erw. ab 57 AUD; **€** Camping und **€€** Betten in Eisenbahnwaggons; Restaurant, Kiosk

Auf der **Carisbrooke Station** (85 km südwestl. von Winton, www.carisbrooketours.com.au) haben Gäste die Wahl zwischen Station-Gebäude, Caravan und Camping und div. Touren.

HOTEL

Bier, Beef, Bett: Das bietet das **€–€€ North Gregory Hotel** (67 Elderslie St, www.northgregoryhotel.com).

UMGEBUNG

Zwei Museen locken Besucher von weit her nach **Longreach** (3140 Einw.). Die Australian Stockman's Hall of Fame dokumentiert die Geschichte des Outback (Landsborough Highway, www.outbackheritage.com.au, tgl. ab 9.00 Uhr, Erw. 32 AUD). Die Entwicklung der australischen Luftfahrt dokumentiert das **Qantas Founders Museum** mit Veteranen wie DC 3, Boeing 707 und einer Boeing 747-200, die mit einem Wing Walk lockt – einem Spaziergang auf dem Flügel (Longreach Airport, Sir Hudson Fysh Drive, www.qfom.com.au, Erw. 26 AUD). In östlicher Richtung liegt in rd. 460 km Entfernung **Charters Towers,** die einstige Goldgräberstadt (s. Special S. 103, www.nationaltrust.org.au, www.charterstowers.qld.gov.au).

INFORMATION

Winton Visitor Information Centre, Gift and Gem Centre, 73 Elderslie Street, Winton QLD 4735, Tel. 07 46 57 14 66, www.experiencewinton.com.au

Genießen Erleben Erfahren

DuMont Aktiv

Wandern am Uluru

Im roten Zentrum zieht der Uluru Menschen aus aller Welt in seinen Bann. Für die Anangu ist der Inselberg ein Heiligtum. Verzichten Sie darauf, den Berg zu besteigen, wandern Sie lieber! Die markierten Wanderwege am Uluru erfordern keine große Fitness, denn das Gelände ist flach – und sie sind zum Großteil auch für Rollstuhlfahrer geeignet. Zu den schönsten Routen gehören:

Uluru Base Walk Die 10,6 Kilometer lange Runde führt in drei bis vier Stunden einmal rund um den Sockel des Felsens, vorbei an Höhlen, Wasserlöchern, verwittertem Stein und faszinierender Flora. Wandern Sie in der heißen Jahreszeit am besten nur in den kühlen Morgenstunden. Der Rundweg lässt sich auch in einzelnen Sektionen erleben.

Liru Walk Nach einem Regenguss ist der Verbindungsweg vom Cultural Centre zum Startpunkt des Mala Walk besonders interessant: Dann blühen zwischen den Mulga-Bäumen zahlreiche Wildblumen (hin und zurück 4 km, ca. 90 Minuten)!

Mala Walk Auf dem 2 Kilometer langen Lehrpfad zur Kantju Gorge gewähren Schautafeln Einblicke in das spirituelle Universum der Ureinwohner. „Tjukurpa" (sprich: Schuuk-orr-pa) nennen die Anangu ihr Glaubens- und Gesetzessystem, das nicht nur von der Genesis des Stamms erzählt, sondern auch Regeln für das Zusammenleben enthält. Führungen mit Aborigines-Rangern starten je nach Jahreszeit täglich am Mala-Walk-Parkplatz.

Kuniya Walk Vom Parkplatz an der Südseite führt ein kurzer Stichweg hin zum Mutitjulu-Wasserloch, in dem die Wasserschlange „wanampi" wohnen soll. Da hier ganzjährig Wasser zu finden ist, tummelt sich eine reiche Vogelwelt mit Finken, Falken und Eulen am Wasserloch.

Mehrere Wege führen um den Uluru.

Lungkata Walk Mehr über Lungkata, den blauzüngigen Echsenmann, erfährt man auf diesem Weg (4 Kilometer), der bei Sonnenuntergang wunderschöne Blicke auf den Uluru bietet. Startpunkte: Mala-Walk und Kuniya-Parkplatz.

Weitere Informationen

Bitte denken Sie bei allen Wanderungen an ausreichenden Sonnenschutz und Wasser! Fotografieren ist nicht immer gestattet. Respektieren Sie bitte die Wünsche der Anangu! Internet: www.parksaustralia.gov.au/uluru/do/bush-walking.html

Die schönsten Insel-Hideaways

Robinsonaden am Korallenmeer

Als weiße und grüne Punkte, mal flach, mal hügelig, erheben sich rund 700 Eilande aus der unendlichen Weite des Great Barrier Reef. Nur rund zwei Dutzend sind touristisch erschlossen – und so beliebt, dass ein Aufenthalt dort im Pazifik rechtzeitig zu buchen ist. Ob Luxushotel, Taucheridyll, Inselparadies für Aktive oder Robinsonade für Romantiker: Dies sind die schönsten Insel-Resorts an der Ostküste Australiens!

1 Lizard Island

Australiens nördlichste Resort-Insel erhielt im Zuge der Modernisierung nach Zyklon Ita ein neues Juwel: eine 145 m² große Villa, die mit Traumblick auf einige der 24 Korallenstrände und das badewarme Meer auf einem Hügelkamm thront. Bei der Inneneinrichtung setzte der Melbourner Stareinrichter Hecker Guthrie auf sanfte Naturtöne und natürliches Licht.

Lizard Island Resort,
PMB 40 Cairns QLD,
www.lizardisland.com.au,
Pool Villa ab 5200 AUD/Nacht für max. 4 Pers.,
Sunset Villas DZ ab 2299 AUD/Nacht

2 Bedarra Island

Das Resort ist wie geschaffen für eine Robinsonade zu zweit: Von den bodentiefen Fenstern der Luxusvillen im Regenwald mit Holz, Außendusche und Terrasse – einige sogar mit Pool – schwebt der Blick vorbei an Palmen und erodierten Felsbrocken hin zum Meer, aus dessen Fluten morgens die Sonne aufsteigt. Ein Frühstück und Dinner im Freien, Spaziergänge an muschelübersäten Stränden, Ruhe: Bedarra.

Bedarra Island Resort,
Bedarra Island,
Mission Beach QLD,
www.bedarra.com.au,
ab 1125 AUD/Nacht

3 Orpheus Island

Bis heute gehört Orpheus den Aborigines und sie sind sich mit den Rangern des Inseln-Naturparks einig: Alles soll so naturbelassen wie möglich bleiben. Wer absolute Ruhe sucht, sollte sich auf dieses Insel-Idyll mit dichtem Tropenwald zurückziehen, auf das maximal 34 Gäste via Townsville eingeflogen werden. Die meisten haben Tauch- oder Schnorchelausrüstung mit im Gepäck: Die Gewässer ringsum gehören zu den besten Tauchgründen des Riffs – und bereits vom Strand aus kann man sich hineinbegeben.

Orpheus Island QLD,
www.orpheus.com.au,
ab 1400 AUD/Nacht

4 Magnetic Island

Nur acht Kilometer breit ist die Meeresstraße, die Townsville von Magnetic Island trennt. Viele Australier nehmen nicht die Fähre, sondern ihr eigenes Boot, und steuern die Marina von Nelly Bay an, wo die australische Hotelgesellschaft Peppers hochwertige moderne Ferienwohnungen für zwei bis sechs Personen oberhalb des Mastenwaldes errichtet hat – samt riesiger Salzwasser-Schwimmlagune und Endota Tages-Spa.

Peppers Blue,
123 Sooning Street,
Nelly Bay QLD,
www.peppers.com.au/blue-on-blue,
DZ ab 212 AUD/Nacht

5 Hayman Island

200 Paare geben sich alljährlich das Ja-Wort in der Inselkapelle des One & Only Resorts, Honeymooner genießen jedes Jahr ihre Flitterwochen auf der Luxusinsel, deren Weinkeller selbst Kennern die Sprache verschlägt: 35 000 Flaschen bester Jahrgänge aus aller Welt lagern dort. Und auch der Pool hat die siebenfachen olympischen Ausmaße. Denn dafür steht Hayman: „great entertainment in style“.

One & Only Resort,
Hayman Island,
Great Barrier Reef QLD,
www.oneandonlyresorts.com, ab 675 AUD/Nacht

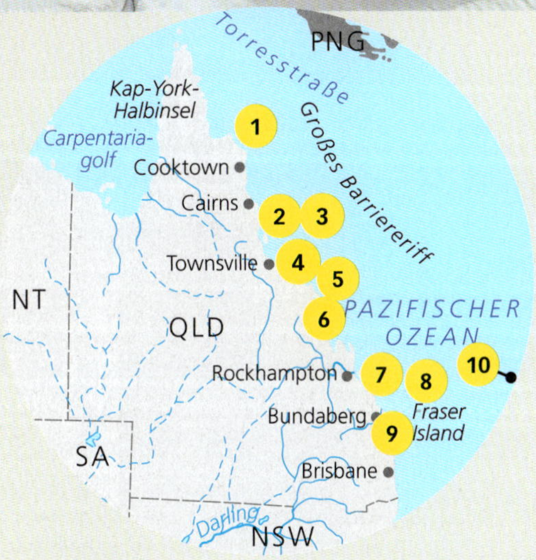

6 Hamilton Island

Einzige Riffinsel mit eigenem Flugplatz für Linien- und Charterflüge ist Hamilton im Herzen der Whitsundays, wo die Auswahl der Unterkünfte – von Einstern-Ferienwohnung bis zum Sechssterne-Resort – ähnlich vielfältig ist wie die Auswahl der Aktivitäten: Buschwandern zum Passage Peak (239 m), Baden am Escape Beach, Abschlagen auf Australiens jüngstem Golfplatz, Mountainbiken, Wale beobachten, Tauchen, Schnorcheln, Segeln oder Sunset-Törns mit alten Schonern.

Hamilton Island QLD, www.hamiltonisland.com.au, Erw. 295 (Fewo)–1050 (6-Sterne-Bleibe) AU+D/Nacht

7 Heron Island

Im dichten Grün der Mininsel versteckt sich das Ökoresort mit 109 Zimmern, australischer Küche im Shearwater Restaurant, einsamen Korallenstränden und traumhafter Unterwasserwelt vor der Haustür: Wer schnorchelt, entdeckt rings ums Wrack, das malerisch in dem türkiswarmen Badewasser ruht, die kunterbunte Welt der Tropenfische.

Great Barrier Reef Resort, Heron Island, via Gladstone QLD, Buchungshotline (nur in Australien) 13 00 73 15 51, www.heronisland.com, ab 320 AUD/Nacht

8 Lady Elliot Island

Die südlichste Insel am Great Barrier Reef liegt mitten in der grünen Zone des Nationalparks und damit in einem besonders schützenswerten Bereich. Heimisch ist hier der majestätische Mantelrochen. Von Oktober bis März legen Meeresschildkröten ihre Eier im Sand ab. So wenig wie möglich diese ursprüngliche Natur zu stören, ist oberstes Anliegen des Island Eco Resort – Telefon und TV fehlen, geschlafen wird in 41 einfachen Unterkünften: Safarizelten und Hütten mit Holzböden und Ventilator über dem Bett.

Lady Elliot Island Eco Resort, 80 km nordöstlich von Bundaberg QLD, www.ladyelliot.com.au, ab 170 AUD/Nacht

9 Fraser Island

Riesige Dünen, bunte Sandsteinklippen, karibisch anmutende Seen, endlose Strände und Regenwald auf Sand: K'ghari" (Paradies) nannten die Butschulla-Aborigines ihre Heimat Fraser Island. Ein Paradies ist auch das Ökoresort im Westen der Insel, zu dessen 152 Zimmern, 110 Villen und der Wilderness-Lodge für Gruppen Holzstege durch naturbelassenes Land führen – abends verraten Hotelguides bei Torchlight Tours, welche nachtaktiven Tiere auf dem Hotelgelände leben.

Kingfisher Bay Resort, North White Cliffs, Fraser Island QLD, www.kingfisherbay.com, DZ ab 155 AUD/Nacht

10 Lord Howe Island

Die komfortable Capella Lodge mit neun modern eingerichteten Suiten, kleinem, feinem Spa und Gourmet-Küche im Capella-Restaurant ist die mit Abstand edelste Bleibe auf der subtropischen Welterbe-Insel, die direkt ans südlichste Riff der Welt grenzt – rund zwei Flugstunden von Sydney und Brisbane entfernt (außerhalb des Kartenausschnitts). Zu den schönsten Tageswanderungen Australiens gehört der Aufstieg zum Mount Gower, der 875 m hoch über der sichelförmigen Insel thront.

Capella Lodge, Lagoon Road, Lord Howe Island NSW, http://lordhowe.com, DZ ab 750 AUD/Nacht

Bei der Fahrt über Land begegnet man Australiens „Nationaltieren" Känguru und Koala.

Service

Keine Reise ohne Planung. Auf den folgenden Seiten haben wir für Sie Wissenswertes und wichtige Informationen für Ihren Urlaub in Ostaustralien zusammengefasst.

Anreise

Mit dem Flugzeug: Die internationalen Flughäfen von Sydney (Kingsford Smith International Airport; www.sydneyairport.com.au), Brisbane (www.bne.com.au) und Cairns (www.cairnsairport.com.au) werden über Drehkreuze in Arabien und Asien in rund 22 bis 26 Stunden von zahlreichen Charter- und Liniengesellschaften angeflogen.
Wer den weiten Weg unterbrechen möchte, sollte die überraschend günstigen und mit vielen Extras versehenen Stopover-Angebote nutzen, wie sie u. a. Singapore Airlines (www.singaporeair.com), Emirates (www.emirates.com) und Thai (www.thaiairways.com) in Singapur, Dubai und Bangkok anbieten. Jetstar (www.jetstar.com), Virgin Australia (www.virginaustralia.com) und Qantas (www.qantas.com) bedienen an der Ostküste Dutzende Regionalflughäfen sowie den einzigen Linien-Airport der Whitsundays auf Hamilton Island.

Botschaften / Auslandsvertretungen

Deutschland
Embassy of the Federal Republic of Germany (Canberra), 119 Empire Circuit, Yarralumla ACT 2600, Tel. 02 62 70 19 11, www.australien.diplo.de

Generalkonsulat der Bundesrepublik Deutschland, Level 17, 100 William Street, Sydney (Woolloomooloo) NSW 2011 (keine tel. Anfragen); www.australien.diplo.de/Vertretung/australien/en/GK-Sydney/0GK-Sydney.html

Österreich
Austrian Embassy (Canberra)
12 Talbot Street, Forrest ACT 2603,
Tel. 02 62 95 15 33,
www.bmeia.gv.at/en/embassy/canberra.html

Austrian Consulate General,
1 York Street, 10th Floor, Sydney NSW 2000,
Tel. 02 92 51 33 63

Schweiz
Embassy of Switzerland (Canberra)
7 Melbourne Avenue, Forrest ACT 2603,
Tel. 02 61 62 84 00,
www.eda.admin.ch/australia

Consulate General of Switzerland (Sydney),
101 Grafton Street/Ecke Grosvenor Street,
Tower 2, Level 23, Bondi Junction, NSW 2022,
Tel. 02 83 83 40 00

Einreisebestimmungen

Wichtige Dokumente: Deutsche, Österreicher und Schweizer benötigen für die Einreise einen Reisepass, der über das Rückreisedatum hinaus gültig sein muss, sowie ein Visum, das sowohl über die australische Botschaft als auch im Internet auf www.border.gov.au oder bei Reiseveranstaltern erhältlich ist. Für die meisten Bürger aus den EU-Staaten gilt das eVisitor-Visum, das online beantragt, per E-Mail erteilt und elektronisch gespeichert wird. Das e-Visum ist kostenlos und wird für touristische Reisen von maximal drei Monaten erteilt. Junge Leute im Alter von 18 bis 35 Jahren dürfen mit einem Work & Holiday-Visum im Land arbeiten und ihre Reisekasse aufbessern.

Weitere Dokumente: Wer Australiens Osten mit einem Leihwagen bereisen möchte, benötigt einen internationalen Führerschein, der den EU-Führerschein ergänzt. Ein Impfausweis ist erforderlich, wenn man sich vor der Reise nach Australien in einem Gelbfiebergebiet aufgehalten hat. Da es kein Abkommen über die Anerkennungen von Krankenversicherungen zwischen Deutschland und Australien gibt, ist der Abschluss einer Auslandskrankenversicherung zu empfehlen. Einige deutsche Krankenkassen bieten kostenfrei eine Auslandskrankenversicherung bei Urlaubsreisen von bis zu sechs Wochen an.
Medikamente: Wer regelmäßig Medikamente nimmt und einen Vorrat mit sich führt, muss sie bei der Einreise deklarieren.

Essen und Trinken

Preiskategorien

€€€€	Hauptspeisen	über 45 AUD
€€€	Hauptspeisen	30–45 AUD
€€	Hauptspeisen	20–30 AUD
€	Hauptspeisen	bis 20 AUD

Als multikulturelle Gesellschaft hat Australien kulinarisch viel zu bieten: Weltküche in Sydney,

Meeresfrüchte und Fischplatten sind die Spezialität im Doyles in Sydney.

Meeresfrüchte an der Ostküste, rustikale britische Hausmannskost im Landesinnern und *bush tucker,* Delikatessen aus dem Outback, heute hip in ganz Australien.

Mahlzeiten: Australier frühstücken gerne im Coffee Shop mit einem *flat white* (Kaffee mit Milch), Muffins, Bagels oder einem Egg Benedicte, einem äußerst reichhaltigen Eiergericht. Das *full breakfast* umfasst Spiegeleier, Schinken, Würstchen, weiße Bohnen in Tomatensoße und Kartoffelecken, gefolgt von Toast mit Marmelade oder Vegemite sowie Heißgetränk, Orangensaft und Cerealien nach Wunsch. Gegen zehn Uhr ist es Zeit für den *morning tea,* die Tee- oder Kaffeepause. Mittags essen die Australier leicht – einen Salat, ein Sandwich, einen Pie oder eine Teigtasche. Die eigentliche Hauptmahlzeit ist das Dinner, auch *tea* genannt, das ab 18 Uhr eingenommen wird.

Getränke: Australien ist eine Bastion der Biertrinker, aus der Dose *(can)*, Flasche *(stubbie)* oder vom Fass *(on tap)*. Sehr in Mode auch hier ist „craft beer" von kleinen Brauereien *(micro breweries)*. Aus Bundaberg stammt der beliebteste australische Rum (www.bundabergrum.com.au).

Wein: Australiens ältestes Weinbaugebiet ist das Hunter Valley (www.winecountry.com.au, siehe S. 38). Es werden Rot- und Weißweine produziert. Spitzenweine auf internationalem Niveau werden auch in Gundagai 80 km westl. von Canberra und in den Central Ranges gekeltert. Restaurants, die mit BYO gekennzeichnet sind, besitzen keine Lizenz zum Ausschank von Alkohol – hier dürfen Gäste Wein und Bier selbst mitbringen oder vorab im „liquor shop" erwerben. BYO-Restaurants sind meist günstiger als Restaurants mit Schanklizenz *(fully licensed)*.

Kaffee und Tee: Kaffee und Tee begleiten die Australier durch den gesamten Tag – vom *morning tea,* dem zweiten Frühstück, und dem *billy tea*, in einer Konservenbüchse über dem Lagerfeuer zubereitet, bis zum *flat white,* dem australischen Zwitter aus Caffè Latte und Cappuccino.

Wie Tee und Kaffee angebaut werden, zeigen im tropischen Norden der Ostküste die Plantagen von Skybury Coffee (www.skybury.com.au), Jaques Coffee (www.jaquescoffee.com.au), Nerada Tea (www.neradatea.com.au) und Daintree Tea (www.daintreetea.com).

Feiertage

Public Holidays: So nennen sich die nationalen Feiertage, an denen Banken, Behörden und Geschäfte geschlossen sind.

1. Januar: New Year; 26. Januar: Australia Day;
März/April: Karfreitag (Good Friday), Easter Sunday, Easter Monday (Ostern);
25. April: ANZAC Day;
Juni: Queen's Birthday (variierend, Mo.);
25. Dezember: Christmas Day; 26. Dezember: Boxing Day.

Hinzu kommen verschiedene Feiertage der Bundesstaaten.

Geld

Zahlungsmittel: In Australien ist der Australische Dollar gängiges Zahlungsmittel (1 € entspricht ca. 1,47 AUD; 1 AUD: 0,67 €). Die Banknoten, aus Polymeren bestehend, sind erhältlich als 5, 10, 20, 50 und 100 AUD-Scheine, die Münzen in 5, 10, 20 und 50 Cents sowie 1 und 2 Dollar – wird im Museum um eine „Gold Coin Donation" gebeten, freut sich die Stätte über eine Spende von einem oder zwei Dollar. Unbedingt ins Gepäck gehört eine Kreditkarte, sie wird beim Reservieren von Unterkünften oder Anmieten von Leihfahrzeugen stets verlangt. Selbst kleinste Beträge werden in Ostaustralien mit der Kreditkarte bezahlt. Seit der Einführung von VPay ist die Akzeptanz für ec-Karten mit Maestro-Zeichen gesunken. Abheben vom Geldautomaten (ATM) mit Maestro ist jedoch fast flächendeckend möglich; allerdings werden mindestens 5,98 € pro Abhebung als Gebühr erhoben.

Steuern: Auf Waren und Dienstleistungen wird eine zehnprozentige Goods and Services Tax (Mehrwertsteuer) erhoben. Zusätzlich gibt es hohe lokale Steuern.

Trinkgeld: „Tipping" ist zwar nicht üblich, aber die Bedienung im Restaurant freut sich darüber ebenso wie das Zimmermädchen oder der Gepäckträger. Zehn Prozent des Rechnungsbetrags sind angemessen.

Info

Daten & Fakten

Geografie: Die Ostküste Australiens säumen die Bundesstaaten Queensland (QLD, 1 730 650 km², Hauptstadt: Brisbane) und New South Wales (NSW, 800 642 km², Hauptstadt: Sydney), das das Australian Capital Territory (ACT, 2358 km²) mit der Bundeshauptstadt Canberra wie eine Insel umschließt. Das Klima in Queensland ist subtropisch bis tropisch, in New South Wales und dem ACT mediterran bis gemäßigt. Von der Bass Strait im Süden bis zur Spitze von Cape York ziehen sich die Höhenzüge der Great Dividing Range 4000 km lang durch den Osten Australiens und schwingen sich in den Snowy Mountains von NSW zum höchsten Gipfel des fünften Kontinents auf – dem 2229 m hohen Mount Kosciuszko.

Bevölkerung: Der Osten ist mit mehr als 13 Mio. Einw. Australiens am dichtesten besiedelte Region – in New South Wales leben rund 7,6 Mio., in Queensland 4,7 Mio., im ACT 385 600 Menschen. Größtes Ballungsgebiet ist der Großraum Sydney mit mehr als 5 Mio. Einwohnern, gefolgt von Greater Brisbane (2,3 Mio.), Gold Coast (546 000), Canberra (356 000), Newcastle (288 000), Townsville (176 000) und Cairns (134 000). 92 % der Ost-Australier leben in den Städten, wo die Bevölkerungsdichte Spitzenwerte von 8871 Einw./km² erreicht (Sydney, Woolloomooloo). 92 % der Bevölkerung haben europäische Wurzeln, 7 % asiatische, 2,4 % sind Aborigines. Der christliche Glaube dominiert (römisch-katholisch: 26 %, anglikanisch: 21 %, andere christl. Glaubensgemeinschaften: 15 %); durch Einwanderung wächst der Anteile der Muslime besonders in den Großstädten Brisbane und Sydney.

Wirtschaft: NSW ist das wirtschaftliche Schwergewicht des ganzen Kontinents – mit 46 % der Banken und Finanzen, 39 % der Bauwirtschaft, 50 % der Film- und Medien-Industrie, 42 % der Dienstleister und 33 % des produzierenden Gewerbes. Hauptausfuhrprodukte: Kohle, Erze, Erdöl- und Erdgasprodukte, Wolle, Zuchtpferde. Arbeitslosenquote: 5,3 %, BIP-Wachstum: +2,2 %.

Queensland ist ein *resource state:* Seine Wirtschaft lebt vom Rohstoffexport. Kohle, Eisenerz, Bauxit, Erdgas und Edelsteine sind wichtigste Exportgüter. 1967 nahm die weltgrößte Aluminiumhütte in Gladstone den Betrieb auf. Die intensive Landwirtschaft dominieren Zuckerrohr, Bananen, Rinderzucht und Weizen (Darling Downs). Der Tourismus steuert 5 % zum Budget bei. Arbeitslosenquote: 5,6 %, BIP-Wachstum: +2,3 % (je 2015).

Australian Capital Territory: Im Hauptstadtgebiet dominiert die öffentliche Verwaltung (30,6 %). Stärkste Industriezweige sind Bauwirtschaft (4,8 %) und Logistik (3,3 %). Arbeitslosenquote: 5 %.

Mountainbiker-Glück bei Thredbo in den Snowy Mountains, Surfvergnügen von klein auf in Byron Bay

Ritt auf der perfekten Welle im Surferparadies Byron Bay an Australiens Ostküste

Info

Geschichte

50 000 v. Chr.: Erste Einwanderung aus Südostasien über eine Landbrücke
10 000 v. Chr.: Tasmanien und Neuguinea werden von Australien abgetrennt.
1606: Willem Janszoon betritt als vermutlich erster Europäer auf Cape York australischen Boden.
28.4.1770: James Cook ankert in der Botany Bay und nimmt Ostaustralien für die britische Krone in Besitz. Später verbringt er 48 Tage in Cooktown, um sein leckgeschlagenes Schiff Endeavour instand zu setzen.
18.1.1788: Ankunft der First Fleet unter Captain Arthur Phillip. Aus britischen Gefängnissen werden Gefangene in das neu entdeckte Land verbracht. Gründung von Sydney.
1793: Erste freie Siedler in NSW
1813: Gregory Blaxland, William Lawson und William Charles Wentworth überqueren erfolgreich die Blue Mountains und erschließen neues Land für die Besiedlung.
1824: Stadtgründung von Brisbane
1840: Ende der Sträflingstransporte nach New South Wales
1851: Erste Goldfunde bei Bathurst/NSW, Beginn des Goldrauschs
1876: Stadtgründung von Cairns
1.1.1901: Proklamation des Commonwealth of Australia durch die Kolonien in Sydney
1911–1927: Bau der Hauptstadt Canberra; Melbourne ist Interims-Hauptstadt.
1914–1918: Im Ersten Weltkrieg, am 25.4.1915 (heute Nationalfeiertag), verlieren Tausende Australier (ANZAC-Corps) in der Schlacht von Gallipoli ihr Leben.
1928: Der presbyterianische Pfarrer John Flynn gründet den Royal Flying Doctor Service, erste Basis ist Cloncurry/QLD.
3.9.1939: Australien tritt in den Zweiten Weltkrieg ein.
1945: „Populate or perish": Die erste große Einwanderungswelle erfolgt.
1973: Patrick White erhält als erster Australier den Literatur-Nobelpreis; Eröffnung der Sydney Opera.
1985: Ayers Rock kommt wieder in den Besitz der Ureinwohner, die ihm seinen indigenen Namen zurückgeben: Uluru.
1988: EXPO in Brisbane
1988: Bicentenary of Australia: 200-Jahr-Feier des weißen Australiens
1.5.1998: 1. National Sorry Day: Gedenktag zu Ehren der „Lost Generation", der indigenen Opfer der Zwangsadoptionen
2000: Olympische Sommerspiele in Sydney
2005: Cronulla Riots: gewalttätige rassistische Krawalle im Vorort von Sydney
2011–2013: Zyklone wüten vor allem in Queensland.
2014: G20-Gipfel in Brisbane
2015: M. Turnbull wird Premierminister.
2016: Der Großraum Sydney überspringt die Fünf-Millionen-Einwohner-Grenze.

Gesundheit

Das Gesundheitswesen im Osten Australiens entspricht europäischem Standard. Arzt- oder Klinikkosten sind vor Ort zu begleichen und werden bei Urlaubsreisen (max. 6 Wochen) von den meisten Krankenkassen im deutschsprachigen Raum erstattet. Empfehlenswert: eine Auslandskrankenversicherung.
Apotheken (Pharmacy/Chemist/Drugstore): Sie sind in Australien ein Mix aus Drogerie und Apotheke. Frei verkäufliche Produkte wie das bei Vielfliegern beliebte Melatonin sind in der EU rezeptpflichtig und dürfen nicht eingeführt werden! Achtung: Bei Kopf- und Gliederschmerzen, Durchfall, hohem Fieber, Schlaffheit, Bindehautentzündung und Schüttelfrost kann es sich um Anzeichen von Dengue-Fieber handeln, das in QLD seit einigen Jahren wieder auftritt. Suchen Sie unbedingt einen Arzt auf und nehmen Sie keinesfalls Aspirin – es kann bei Dengue-Fieber gefährliche innere Blutungen hervorrufen.
Achtung, Sonne!: Die australische Sonne ist sehr intensiv – auch bei bedecktem Himmel. Ihre Sonnencreme sollte daher mindestens LSF +30 haben, bei Ausflügen auf das Meer LSF +50. Denken Sie daran, den Sonnenschutz regelmäßig zu erneuern. Wichtig ist auch, mehr als daheim zu trinken – auch wenn Sie nicht schwitzen. Dehydration ist die häufigste Ursache für Schwindel, Unwohlsein und Übelkeit. Auf Wanderungen gehört stets eine Wasserflasche ins Gepäck.
Giftige Tiere: Haiattacken sind deutlich seltener als Autounfälle. In beliebten Badeorten sorgen Hainetze dafür, dass Haie nicht in Strandnähe gelangen. Wer sichergehen will, schwimmt nur an bewachten Stränden zwischen den Flaggen – und nie bei Dämmerung oder Dunkelheit. Der tropische Norden und Osten von Australien ist die Heimat der *salties,* bis zu sieben Meter langen Leistenkrokodilen. Beachten Sie die Warntafeln und schwimmen Sie in Krokodilgegenden nie in Flüssen, Flussmündungen, Gezeitenströmen, tiefen Gewässern oder an Mangrovenküsten. Fragen Sie Einheimische, bevor Sie tauchen, fischen, surfen oder Bootsausflüge machen.
Von November bis April leben in den tropischen Gewässern Ostaustraliens Würfelquallen und Seewespen, deren Berührung tödlich enden kann. Schwimmen Sie in diesen Monaten nur an Stränden, an denen Netze gespannt sind, oder in Rockpools. Wer am äußeren Great Barrier Reef zwischen November und April tauchen oder schnorcheln will, sollte eine geeignete Schutzkleidung tragen.
Bei Wanderungen im Busch werden Ihnen giftige Schlangen und Spinnen begegnen. Ihre Bisse verhindern Sie, indem Sie kräftig auftreten (Schlangen spüren die Vibration und flüchten) und Stiefel tragen – auf keinen Fall Outdoor-Sandalen! Bei einem Biss suchen Sie umgehend einen Arzt auf. In Australien gibt es heute für fast alle Schlangenbisse ein Gegengift. Vor den Bissen von Mücken, Bremsen oder Sandfliegen schützen am besten australische Mittel wie „Bushman's Tropical Strength".

Info

Reisedaten

Flug ab Deutschland: z. B. Frankfurt–Sydney ab ca. 1000 Euro
Inlandsverkehr (Flug): Sydney–Brisbane ab 220 Euro, Sydney–Cairns ab 350 Euro
Reisepapiere: Reisepass und Visum. Jedes Kind benötigt ein eigenes Ausweisdokument.
Devisen: Australischer Dollar
Mietwagen: ab 150 Euro/Woche (unbegrenzte Kilometer), Campervan ab ca. 60 Euro/Tag
Benzin: 1 Liter Super ca. 1,30 AUD
Hotel: Luxuskategorie (5 Sterne) ab 400 AUD; einfach: ab 170 AUD
Menü: Tagesmenü ab 20 AUD, einfaches Essen ab 10 AUD
Ortszeit: EST (NSW, QLD; MEZ + 9 Std.)

Hotels

Preiskategorien

€ € € €	Doppelzimmer über 400 AUD
€ € €	Doppelzimmer 300–450 AUD
€ €	Doppelzimmer 180–300 AUD
€	Doppelzimmer bis 180 AUD

Das Angebot in Australien reicht von einfachen und stilvollen B & Bs bis zu Luxushotels. Für die Zeit der Schulferien (Dezember, Januar) empfiehlt sich eine frühzeitige Buchung.

Notruf

Australien kennt nur eine Notrufnummer: 000, für Polizei, Feuerwehr und den Rettungsdienst.

Reisezeit

Die Ostküste ist ein Ganzjahresreiseziel. Beste Reisezeit für den Süden Ostaustraliens sind die australischen Sommermonate November bis März. Im Norden ziehen während dieser Monate oft sehr stürmische, regenreiche Zyklone über das Land; im Outback ist es dann tagsüber extrem heiß. Für das Landesinnere und die tropischen Regionen ist der australische Winter (April–Sept.) die beste Reisezeit.

Shopping

Die Öffnungszeiten sind meist werktags von 9.00 bis 19.00 Uhr sowie samstags bis 17.00 Uhr. Lebensmittelgeschäfte und Supermärkte sind länger geöffnet, in größeren Städten sogar 24/7 – rund um die Uhr. Sydney, Brisbane und Cairns sind die Shoppingparadiese der Ostküste, wo in historischen und modernen Malls (Einkaufspassagen) internationale Labels ebenso vertreten sind wie australische Designer, Juweliere und Geschäfte, die authentische Erzeugnisse der Aborigines anbieten.
Zum Schnäppchen-Shopping in Sydney laden Shop & Save Tours (www.shopandsave.com.au). Größtes Shoppingcenter im tropischen Nordqueensland ist das Cairns Central (www.cairnscentral.com.au).

Sport

Radfahren/Mountainbike: Brisbane bietet gute Möglichkeiten, die Stadt per Rad zu erkunden. Für Rad- und Mountainbike-Touren sind die Snowy Mountains und das Outback anspruchsvolle und beliebte Orte.
Surfen: Surfen ist Kult. Ideale Bedingungen haben Sydneys Strände, die Surfgemeinde trifft sich an North und South Coast und den Surfspots an Gold Coast und Sunshine Coast (siehe Infoseiten der Kapitel).
Wandern: Bush Walks werden fast überall an der Ostküste angeboten, leichte Wanderungen und solche für Konditionsstarke im Outback. Die schönsten Weitwanderwege Australiens listet http://greatwalksofaustralia.com.au, die schönsten Kurzwanderwege in New South Wales, Queensland und Tasmanien http://shortwalks.com.au. Spezialist für Wanderreisen ist http://auswalk.com.au.
Der Six Foot Track (45 km) folgt den Spuren der Pioniere in den Blue Mountains. Der Great North Walk (250 km) führt durch den Ku-ring-gai Chase National Park. Im Warrumbungle National Park erschließt der Grand High Tops Walk (12,5 km) eine urzeitliche Vulkanlandschaft. Beliebt ist der Mount Warning Summit Walk (4,4 km) im Wollumbin National Park, Kult der Aufstieg nachts zum Mount Warning.

Sprache

Sprache: Amtssprache in Australien ist Englisch, das von 76,8 Prozent der Bevölkerung gesprochen wird. Hinzu kommen rund 300 indigene Sprachen und Dialekte. Das australische Englisch basiert auf dem alten britischen Cockney-Akzent, ist singender und weicher in der Aussprache als das britische Englisch und wird als „Strine" bezeichnet. Typisch für die Sprachvariante ist die Liebe zum Einkürzen und Verschlucken ganzer Silben – „G'day" (Guten Tag) – und zur Verniedlichung von Wörtern. Das Frühstück *(breakfast)* wird zum „brekkie", das Känguru zum „roo", die Mücke zur „mozzy", das Barbecue zum „barbie".

Strom

Die Stromversorgung in Australien beträgt 240/250 Volt (50 Hertz). Für europäische Geräte ist ein dreipoliger Adapter oder ein Weltstecker mit flachen Stiften mitzunehmen.

Telekommunikation

Vorwahl Australien: +61
Vorwahl Deutschland: +49
Vorwahl Österreich: +43
Vorwahl Schweiz: +41

Schlicht traumhaft: Wheeler Island, Teil der Family Islands im nördlichen Great Barrier Reef

Info

Wetterdaten
Brisbane

	TAGES-TEMP. MAX.	TAGES-TEMP. MIN.	TAGE MIT NIEDER-SCHLAG	SONNEN-STUNDEN PRO TAG
Januar	27°	20°	10	8
Februar	27°	19°	11	7
März	26°	17°	10	7
April	25°	15°	7	7
Mai	24°	13°	8	7
Juni	21°	10°	5	6
Juli	20°	8°	5	7
August	21°	9°	5	8
September	23°	11°	4	8
Oktober	25°	14°	7	8
November	27°	15°	8	8
Dezember	28°	16°	9	8

Aufgrund der hohen Roamingkosten bieten sich Prepaidkarten für das Handy an. Im Outback ist die Netzabdeckung der Mobilfunkanbieter noch immer sehr lückenhaft.

Verkehr

In Ostaustralien herrscht Linksverkehr, überholt wird rechts. An Kreuzungen jedoch gilt trotz Linksverkehr „rechts vor links". Im Kreisverkehr muss das Abbiegen bereits vor der Ausfahrt angezeigt werden. Die Fahrweise ist deutlich defensiver als in Deutschland. Schulen werden im Schritttempo passiert, und an Fußgängerüberwegen wird beim Stoppschild tatsächlich gehalten.
Höchstgeschwindigkeit: Stadtverkehr 60 oder 50, oft auch nur 40 oder 30 km/h; Landstraßen: 100 km/h; Schnellstraßen mit zwei Fahrspuren je Richtung *(dual carriageway)* 110 km/h, auf Autobahnen 130 km/h.
Besonderheiten: In den Dämmerstunden und nachts stellt Wildwechsel eine große Gefahr dar. Auf den Schotterpisten des Outbacks müssen Sie mit Steinschlag durch den Gegenverkehr rechnen.
Auf *development roads,* bei denen nur ein Fahrstreifen für beide Fahrtrichtungen asphaltiert ist, weicht man seitlich auf den breiten Schotterstreifen aus – bei entgegenkommenden *road trains,* tonnenschweren Lastern, sollten Sie komplett den Weg frei machen.
AAA: Wer Mitglied in einem Automobilclub ist, sollte sich vor der Abreise erkundigen, ob ein Abkommen mit der Australian Automobile Association besteht – dann gibt es auf die Mitgliedskarte Serviceleistungen und Prozente.
Mietwagen & Camper: Bei der Anmietung eines Leihfahrzeugs sind vor Ort Kaution und Versicherungsgebühr zu entrichten. Normale Pkw dürfen nur auf geteerten Straßen benutzt werden; wer Schotterstraßen befahren will, braucht einen Allradwagen (4WD). Das Mindestalter für die Anmietung beträgt 21, das Höchstalter häufig 75 Jahre. Die Fahrerlaubnis muss seit mindestens zwei Jahren bestehen.

Zoll

Zollfrei *(duty free)* bei der Einreise sind: 50 g Tabak oder 50 Zigaretten; 2250 ml Alkohol; Waren/Geschenke im Wert von 900 AUD (Kinder bis 18 Jahre: 450 AUD). Es gelten strenge Quarantänebestimmungen. Tiere, Tierprodukte, Pflanzen und Pflanzenprodukte dürfen nicht eingeführt werden: Blumensamen, Holzartikel, Nahrungs- und Lebensmittel sind daher ebenso verboten wie Waffen und Drogen – und selbst Erdreich an Schuhsohlen! Siehe für die Einreise in Deutschland: www.zoll.de.

Die Story Bridge in Brisbane verbindet die Stadtteile Kangaroo Point und Fortitude Valley.

Register

Fette Ziffern verweisen auf Abbildungen

Impressum

1. Auflage 2017
© DuMont Reiseverlag, Ostfildern

Verlag: DuMont Reiseverlag, Postfach 3151, 73751 Ostfildern, Tel. 0711/4502-0, Fax 0711/4502-135, www.dumontreise.de
Geschäftsführer: Dr. Thomas Brinkmann, Dr. Stephanie Mair-Huydts
Programmleitung: Birgit Borowski
Redaktion: Konzeption & Redaktion, Leinfelden-Echterdingen
Text: Hilke Maunder
Exklusiv-Fotografie: Toma Babovic
Titelbild: laif/Le Figaro Magazine/Martin
Zusätzliches Bildmaterial: 5 u. Shutterstock; 22 li. Huber-Images/TC; 22 o. istock; 39 u. laif/Redux/Andrew Quilty_NYT; 45 o. re. istock; 51 o., 7 M.o. mauritius images/Alamy/Manfred Gottschalk; 59 o. re. istockphoto; 59 u. Hilke Maunder; 67 u. picture alliance/dpa/Queensland Fire & Emergency/AAP; 71 u. re. DuMont Bildarchiv/Holger Leue; 74 laif/robertharding/Louise Murray; 79 o. Shutterstock; 79 u. laif/robertharding/Marco Simoni; 85 o. mauritius images/Imagebroker/Konrad Wothe; 84 u., 86 u. li., 94 o., 94 u., 95 Hilke Maunder; 99 o. Shutterstock/portumen; 100/101, 4 o. re. Lookphotos/Per-Andre Hoffmann; 102, 103 Hilke Maunder; 104 u. li. Lookphotos/age fotostock; 104 u. laif/Aurora/David McLain; 104 M. laif/M. Eric-Paul-Pierre Pasquier; 104 o., 104 o. li., 105, 7 li. DuMont Bildarchiv/Clemens Emmler; 106 laif/Frank Heuer; 107 u. DuMont Bildarchiv/Cemens Emmler; 107 M. Huber-Images/TC; 107 o. laif/robertharding/Sylvain Grandadam; 108 o. Shutterstock; 108 li. DuMont Bildarchiv/Cemens Emmler; 108 r. laif/Sylvain Grandadam; 109 o. li. DuMont Bildarchiv/Holger Leue; 109 o. re. Huber-Images/Hans-Peter Huber; 109 u. Huber-Images/Jon Foster; 111, 112, 113 o. li. Hilke Maunder; 113 o. re. Shutterstock; 113 u. laif/Patrick Le Floch; 114 o. Shutterstock, 114 li. Lookphotos/Hauke Dressler; 114 re. laif/Hemis/Herve Hughes; 115 laif/Thomas Linkel;
35 o. Hannah Quinlivan bei © VG-Bildkunst, Bonn 2016
Textquelle: S. 85 C. Nooteboom, Nootebooms Hotel, Frankfurt a. M. 2002 (S. 18)
Grafische Konzeption, Art Direktion: fpm factor product münchen
Layout: CYCLUS · Visuelle Kommunikation, Stuttgart
Kartografie: © MAIRDUMONT GmbH & Co. KG, Ostfildern
DuMont Bildarchiv: Marco-Polo-Straße 1, 73760 Ostfildern, Tel. 0711/4502-266, Fax 0711/4502-1006, bildarchiv@mairdumont.com

Für die Richtigkeit der in diesem DuMont Bildatlas angegebenen Daten – Adressen, Öffnungszeiten, Telefonnummern usw. – kann der Verlag keine Garantie übernehmen. Nachdruck, auch auszugsweise, nur mit vorheriger Genehmigung des Verlages. Erscheinungsweise: monatlich.

Anzeigenvermarktung: MAIRDUMONT MEDIA, Tel. 0711/4502-0, Fax 0711/4502-1012, media@mairdumont.com, http://media.mairdumont.com
Vertrieb Zeitschriftenhandel: PARTNER Medienservices GmbH, Postfach 810420, 70521 Stuttgart, Tel. 0711/7252-212, Fax 0711/7252-320
Vertrieb Abonnement: Leserservice DuMont Bildatlas, Zenit Pressevertrieb GmbH, Postfach 810640, 70523 Stuttgart, Tel. 0711/7252-265, Fax 0711/7252-333, dumontreise@zenit-presse.de
Vertrieb Buchhandel und Einzelhefte: MAIRDUMONT GmbH & Co KG, Marco-Polo-Straße 1, 73760 Ostfildern, Tel. 0711/4502-0, Fax 0711/4502-340
Reproduktionen: PPP Pre Print Partner GmbH & Co. KG, Köln
Druck und buchbinderische Verarbeitung: NEEF + STUMME premium printing GmbH & Co. KG, Wittingen, Printed in Germany

FSC® www.fsc.org MIX Papier aus verantwortungsvollen Quellen FSC® C001857

Anzeige

Reisen, die prägen.

Australien individuell entdecken

- übernachten in Häusern mit Charme und Geschichte
- reisen nach individuell erstelltem Plan
- beraten durch reiseerfahrene Mitarbeiter
- anfragen unter 02268 9098260.

lana.de
ulana.de

Vorschau

Sri Lanka

Ein Tropenparadies
Lassen Sie sich mit hervorragenden Bildern einstimmen auf ein ganz besonderes Land.

Das Wissen vom Leben
Alles was Sie über Ayurveda wissen sollten.

Der Weg zum Frieden
Hintergründe und Fakten zum Bürgerkrieg, der das Land bis 2009 in Atem hielt.

Rhön

Barock und bischöflich
Das ist nur die eine Seite von Fulda. In den Gassen der Stadt pulsiert das Leben.

Natur erleben
Das geht nirgends besser als bei einer Tour mit dem Ranger im Biosphärenreservat.

Wonnen des Wassers
Kuren und Badespaß haben Tradition.

www.dumontreise.de

Lieferbare Ausgaben

DEUTSCHLAND
119 Allgäu
092 Altmühltal
105 Bayerischer Wald
180 Berlin
162 Bodensee
121 Brandenburg
175 Chiemgau, Berchtesg. Land
013 Dresden, Sächs. Schweiz
152 Eifel, Aachen
157 Elbe und Weser, Bremen
125 Erzgebirge, Vogtland
168 Franken
020 Frankfurt, Rhein-Main
059 Fränkische Schweiz
112 Freiburg, Basel, Colmar
028 Hamburg
026 Hannover zw. Harz u. Heide
042 Harz
062 Hunsrück, Naheland, Rheinhessen
023 Leipzig, Halle, Magdeburg
131 Lüneburger Heide, Wendland
133 Mecklenburgische Seen
038 Mecklenburg-Vorpommern
033 Mosel
114 München
047 Münsterland
015 Nordseeküste Schleswig-Holstein
006 Oberbayern
161 Odenwald, Heidelberg
035 Osnabrücker Land, Emsland
002 Ostfriesland, Oldenb. Land
164 Ostseeküste Mecklenburg-Vorpommern
154 Ostseeküste Schleswig-Holstein
136 Pfalz
040 Rhein zw. Köln und Mainz
185 Rhön
116 Rügen, Usedom, Hiddensee
137 Ruhrgebiet
149 Saarland
182 Sachsen
081 Sachsen-Anhalt
117 Sauerland, Siegerland
159 Schwarzwald Norden
045 Schwarzwald Süden
018 Spreewald, Lausitz
008 Stuttgart, Schwäbische Alb
141 Sylt, Amrum, Föhr
142 Teutoburger Wald
170 Thüringen
037 Weserbergland
173 Wiesbaden, Rheingau

BENELUX
156 Amsterdam
011 Flandern, Brüssel
179 Niederlande

FRANKREICH
177 Bretagne
021 Côte d'Azur
032 Elsass
009 Frankreich Süden Languedoc-Roussillon
019 Korsika
071 Normandie
001 Paris
115 Provence

GROSSBRITANNIEN/IRLAND
063 Irland
130 London
138 Schottland
030 Südengland

ITALIEN/MALTA/KROATIEN
181 Apulien, Kalabrien
017 Gardasee, Trentino
110 Golf von Neapel, Kampanien
163 Istrien, Kvarner Bucht
128 Italien, Norden
005 Kroatische Adriaküste
167 Malta
155 Oberitalienische Seen
158 Piemont, Turin
014 Rom
165 Sardinien
003 Sizilien
140 Südtirol
039 Toskana
091 Venedig, Venetien

GRIECHENLAND/ZYPERN/TÜRKEI
034 Istanbul
016 Kreta
176 Türkische Südküste, Antalya
148 Zypern

MITTEL- UND OSTEUROPA
104 Baltikum
122 Bulgarien
094 Danzig, Ostsee, Masuren
169 Krakau, Breslau, Polen Süden
044 Prag
085 St. Petersburg
145 Tschechien
146 Ungarn

ÖSTERREICH/SCHWEIZ
129 Kärnten
004 Salzburger Land
139 Schweiz
144 Tirol
147 Wien

SPANIEN/PORTUGAL
043 Algarve
093 Andalusien
150 Barcelona
108 Costa Brava
025 Gran Canaria, Fuerteventura, Lanzarote
172 Kanarische Inseln
124 Madeira
174 Mallorca
007 Spanien Norden, Jakobsweg
118 Teneriffa, La Palma, La Gomera , El Hierro

SKANDINAVIEN/NORDEUROPA
166 Dänemark
153 Hurtigruten
029 Island
099 Norwegen Norden
178 Norwegen Süden
151 Schweden Süden, Stockholm

LÄNDERÜBERGREIFENDE BÄNDE
123 Donau – Von der Quelle bis zur Mündung
112 Freiburg, Basel, Colmar

AUSSEREUROPÄISCHE ZIELE
010 Ägypten
183 Australien Osten, Sydney
109 Australien Süden, Westen
107 China
024 Dubai, Abu Dhabi, VAE
160 Florida
036 Indien
027 Israel
111 Kalifornien
031 Kanada Osten
064 Kanada Westen
171 Kuba
022 Namibia
068 Neuseeland
041 New York
184 Sri Lanka
048 Südafrika
012 Thailand
046 Vietnam